Eu sou
o Livreiro de Cabul

Shah Muhammad Rais

Eu sou o Livreiro de Cabul

4ª edição

Tradução
Pedro Jorgensen Jr.

BERTRAND BRASIL

Tradução do norueguês para o inglês: Cathinka Hambro
Título original: *Det Var en Gang en Bokhandler I Kabul*

Capa: Diana Cordeiro
Ilustração de capa: Leandro Cassiano
Foto da capa: © Hulton-Deutsch Collection/CORBIS (HU039101/DC).
Vista de subúrbios de Cabul na época da tomada da cidade pelos rebeldes afegãos.
(Cabul, Afeganistão)

Editoração: DFL

2007
Impresso no Brasil
Printed in Brazil

CIP-Brasil. Catalogação-na-fonte
Sindicato Nacional dos Editores de Livros, RJ.

R131e
4ª ed.

Rais, Shah Muhammad, 1954-
Eu sou o livreiro de Cabul/Shah Muhammad Rais; tradução de Pedro Jorgensen Jr. – 4ª ed. – Rio de Janeiro: Bertrand Brasil, 2007.
96p.

Título original: Det Var en Gang en Bokhandler I Kabul
Tradução da versão inglesa
Relacionado com: O livreiro de Cabul/Asne Seierstad
ISBN 978-85-286-1236-3

1. Rais, Shah Muhammad, 1954- . 2. Seierstad, Asne, 1970- – Viagens – Cabul (Afeganistão). 3. Livreiros e livrarias – Cabul (Afeganistão). 4. Cabul (Afeganistão) – Condições sociais. 5. Cabul (Afeganistão) – Usos e costumes. I. Título.

CDD – 958.1
07-0636 CDU – 94 (581)

EDITORA BERTRAND BRASIL LTDA.
Rua Argentina, 171 – 1º andar – São Cristóvão
20921-380 – Rio de Janeiro – RJ
Tel.: (0xx21) 2585-2070 – Fax: (0xx21) 2585-2087

Atendemos pelo Reembolso Postal.

Eu sou
o Livreiro de Cabul

1

"Vá, acorda a tua felicidade", diz-nos um provérbio persa. Estávamos chegando ao final de 2005 e eu continuava com a sensação de que era exatamente o que deveria fazer. O mês de novembro parecia ter sido o pior, o mais torturante da minha vida. Eu havia passado um longo tempo tentando obter para mim e a minha família um visto para a Noruega, mas o Departamento de Imigração acabou negando o pedido. Minha esposa entrou em desespero. Estava exausta de viver em hotéis. Raramente eu via seu belo sorriso. Esperamos e esperamos, e nada. Na expectativa de animá-la, disse-lhe que a felicidade viria até nós, de um jeito ou de outro.

— Não fizemos absolutamente nada de errado. Tenho certeza de que tudo vai acabar se resolvendo — eu confortava minha esposa.

— Não vejo motivo para tanto otimismo. Essas pessoas são totalmente insensíveis. Gastamos quinze mil dólares, que não serão devolvidos, em taxas de visto, reservas de hotel, seguros de viagem e passagens aéreas. E estamos desperdiçando nossas vidas — ela desabafou.

— Você está coberta de razão, querida, e a coisa é ainda pior do que isso — num país pobre como o nosso, com mais de setenta por cento de analfabetos, quinze mil dólares significam quinze mil livros. Mas a Noruega é um país democrático onde se dá muito valor ao indivíduo. Tudo vai se resolver.

No meio dessa conversa, o visor do meu celular iluminou-se com uma mensagem de texto da maior editora do Paquistão, uma subdivisão da Oxford University Press. Perguntavam se eu gostaria de participar (para uma conferência?) da primeira feira internacional de livros em Karachi.

Expus o assunto a minha esposa e a meu filho, que se encontrava conosco, e pedi-lhes sua opinião.

— Você deve ir, sem a menor sombra de dúvida, mas não poderei acompanhá-lo — disse ela. Alegou que não se sentia em condições de participar de um evento literário de tal porte, e então iria a Peshawar. E prosseguiu: — Aproveite esses dias em que estará ocupado com outras coisas e esqueça suas preocupações.

— Não se preocupe conosco também — aconselhou meu filho.

Comprei uma passagem em aberto para retorno dentro de cinco dias, e pouco depois estava em Karachi, instalado num hotel. Durante o dia, tinha reuniões com editores paquistaneses e internacionais; à noite, caminhava cerca de uma hora antes do jantar e depois retornava ao meu quarto no hotel. Trabalhava, então, cerca de três horas, até uma da madrugada, em meu livro. Página por página, eu ia fazendo várias alterações.

Como as perspectivas de negócios em Karachi eram boas, decidi prolongar minha estada por mais três dias. O acontecimento que me traria boa sorte aconteceu na noite de sexta-feira. Tinha trabalhado o dia inteiro e, quando anoiteceu, eu estava tão cansado que decidi não fazer a minha caminhada diária. Nem mesmo comer eu quis. Fiquei examinando minhas anotações e percebi que não tinha energia para trabalhar no livro naquela noite. O tique-taque do relógio me irritava. Fui para a cama e apaguei a luz, mas não consegui dormir. Recitei alguns capítulos do Corão e tentei obrigar meus olhos a se fecharem, mas às duas da madrugada ainda estava acordado.

Do lado de fora, o ruído da cidade se aquietara. De repente, tive a sensação de que não estava sozinho no quarto. Mesmo com a porta trancada, a janela apenas entreaberta e o quarto localizado no segundo andar, senti que algo se movia na escuridão.

— Não é o Livreiro de Cabul em pessoa? — Ouvi dizer em persa uma voz calma e suave. Meu coração saltou. Espiando por debaixo das cobertas, vi duas luzinhas circulares a uns dois metros de distância.

Aquelas luzes me petrificaram; gritei o mais alto que pude. As luzes desapareceram. Meu coração deu outro salto quando ouvi uma batida na porta — um camareiro, presumi — e um grito:

— Está tudo bem, senhor? Teve um pesadelo?

— Estou bem, obrigado. Acho que estava sonhando — gaguejei. Senti gotas de suor em minha testa. Já havia perdido toda esperança de dormir naquela noite quando o quarto foi novamente iluminado pelas duas luzinhas. Agora mais suave, a voz disse:

— Meu caro Livreiro, não tenha medo. Não somos perigosos. Viemos da Noruega para trazer-lhe boas novas — disse ela, enquanto as duas luzinhas se intensificavam.

O pior do medo já havia passado, mas eu não sabia o que dizer. Fiquei deitado, olhando para a estranha luz azul. Seria apenas um sonho? Como eu poderia falar com criaturas que pareciam consistir somente de luz?

— Não dava para vocês se apresentarem como duas pombas brancas ou, talvez, dois lindos gatinhos? — perguntei.

— Provavelmente você acharia dois gatos falantes ainda mais assustador. Nós nos apresentaremos em nossa forma original, mas não precisa ter medo. Seja corajoso — disseram as duas luzes.

— Muito bem, então. Deixe-me vê-los em sua forma original — pedi, na esperança de que fosse menos assustadora.

As duas luzes, que tinham cerca de trinta centímetros de diâmetro cada uma, se transformaram então, lentamente, em duas criaturas horrendas, enormes e peludas, com grandes e longos narizes pregados bem no meio da cara. Seus olhos amistosos eram arredondados como bolas. Ambos falavam fluentemente a minha língua materna, e tudo que diziam era sempre em coro, o que se tornava apavorante:

— Somos os trolls do norte da Noruega. Vivemos nas profundezas de uma floresta virgem que, graças aos esforços do povo norueguês, está a salvo de extinção. Embora alguns de nós sejam terrivelmente feios, o povo norueguês nos aprecia, e nosso chefe, o Rei de Trolls, está muito satisfeito com o respeito e a proteção do povo norueguês pelos tesouros da nossa natureza. Ele nos ordenou que cooperássemos com o povo da Noruega em seus esforços para proteger o meio ambiente, assim como em outros assuntos.

Eu os observava, tomado de assombro. Já havia lido a respeito desses trolls noruegueses e aprendido que eram criaturas más, que viviam debaixo da terra e às vezes subiam à superfície, na calada da noite, para comer cabras e raptar princesas. Mas os dois trolls à minha frente não pareciam, em absoluto, criaturas más. Aos poucos meu medo foi se dissipando.

— De que outros assuntos vocês estão falando?

— Justiça. Ajudamos pessoas — responderam, com um sorriso astuto. — Geralmente sem que elas percebam.

Um dos trolls era mais baixo e menos corpulento que o outro. Então perguntei-lhes por que eram tão diferentes.

— Somos marido e mulher — disseram.

Seus rostos não eram nada atraentes, mas suas palavras amistosas e seu jeito cordial me acalmaram.

— Meu caro Livreiro, fomos enviados aqui pelo Rei de Trolls para analisar seu caso e descobrir a verdade sobre toda essa confusão — disseram.

— Então vocês estão aqui para me ajudar a obter o visto? — perguntei, animado.

Os trolls negaram com a cabeça. A mulher troll estava na janela, olhando para o céu noturno de Karachi.

— Raramente nos envolvemos em assuntos do Departamento de Imigração. O Rei de Trolls não quer se envolver demais em assuntos pessoais. Isso geralmente não traz nada de bom — disseram em voz baixa.

O marido troll estava ao lado da esposa, agora de costas para a janela. Ambos me olharam com seus olhos redondos.

— Viemos por um motivo completamente diferente que, até onde sabemos, preocupa-o tanto quanto o visto — explicaram.

Sentei-me na cama, mais confuso do que nunca, mas consciente de que aqueles dois seres haviam conquistado a minha confiança. Observei-os com atenção e senti, no fundo do meu coração, que eles já não me assustavam — ao contrário, pareciam bons e sinceros. Tomei coragem e perguntei:

— Qual é exatamente a missão de vocês? E por que vieram aqui?

— Viemos para falar sobre as viagens da jornalista Åsne Seierstad ao Afeganistão, as experiências que ela teve sob o seu teto e as coisas que contou em seu livro. O Rei de Trolls quer saber o que realmente aconteceu — explicaram.

Não pude acreditar. O livro de Åsne Seierstad tinha virado a minha vida de cabeça para baixo. Por causa dele passara a temer pela segurança da minha família, mas agora eu quase começava a acreditar que a verdade acabaria vindo à tona.

— Estamos aqui para ouvir a sua versão da história. O Rei de Trolls mandou-nos investigar todos os fatos que provocaram discórdias entre o povo da Noruega e outros povos. É assim que recompensamos os noruegueses por seus esforços em salvar o nosso meio ambiente — disseram.

— Vocês não acham que chegaram um pouco tarde demais? — perguntei-lhes com delicadeza.

Calei-me por um momento, até que disseram:

— Assim que o livro de Åsne Seierstad foi publicado, ele angariou uma imensa popularidade e vendeu milhares de exemplares em toda a Noruega. Mas as histórias contadas no livro deixaram uma série de perguntas difíceis de serem respondidas na mente dos leitores. Eles ficaram perturbados com várias dúvidas e com a confusão que o livro causou. Notícias de como o livro foi recebido pelos leitores chegavam diariamente ao Reino de Trolls, até que, finalmente, o Rei nos convocou para uma audiência secreta. Tanto o Rei quanto a Rainha de Trolls nos receberam e, fique sabendo, meu caro Livreiro, eles pareciam bastante preocupados e chegamos a nos sentir mal. Após alguns momentos de silêncio, o Rei falou: "Meus caros trolls, confio-lhes a tarefa de encontrar o Livreiro de Cabul, submeter o livro à apreciação dele e depois relatar-me sua versão, ou seja, aquilo que ele considera ser a verdade sobre o caso. Assim cumpriremos nossa obrigação para com o povo da Noruega."

— Vocês têm um rei amigo e justo — eu disse.

Os trolls me contaram, então, ter pedido ao Rei vinte e quatro horas para organizarem a viagem ao Afeganistão.

— Tudo isso é muito interessante — eu disse —, mas não se esqueçam de que eu lhes fiz uma pergunta que ainda não foi respondida: "Por que vocês não vieram há mais tempo?"

— Caro Livreiro, seja paciente. Nós lhe contaremos tudo.

— Desculpem-me. Vocês iam falar dos preparativos da viagem — concluí.

— Sim, caro Livreiro, nós...

Os trolls hesitaram. Olharam uma vez mais pela janela como se algo do lado de fora os perturbasse. Estava quase amanhecendo. Pensei que a luz fraca que entrava pela janela estivesse irritando os seus olhos.

— Caro Livreiro, precisamos ir. Quando a noite chegar estaremos de volta para continuar a conversa.

Pronunciando palavras mágicas, os trolls desapareceram. Ainda ouvi suas vozes suaves ecoando pelo quarto depois que se foram: "Até logo, caro Livreiro." Sentei-me por um momento pensando no inacreditável que acabara de acontecer. Senti-me fraco e cansado. Fechei as cortinas e pendurei na maçaneta da porta o aviso DO NOT DISTURB. Eu havia combinado uma reunião com um editor paquistanês às onze e meia, além de vários outros compromissos, mas esqueci todos eles e caí num sono profundo.

Acordei às três da tarde, sentindo fome. Chamei um táxi e fui a um dos maiores restaurantes da cidade, onde comi uma farta refeição com um apetite voraz.

Em seguida, cancelei todos os compromissos que já havia perdido mesmo. Voltei ao hotel e pedi ao recepcionista que, caso alguém me procurasse, dissesse que eu havia saído. Pendurei novamente o DO NOT DISTURB na maçaneta da porta e permaneci em meu quarto.

Ao cair da noite, os edifícios e as velhas cúpulas de Karachi começaram a aparecer, nítidos, contra o céu. Deixei-me cair em profundos pensamentos enquanto aguardava a chegada dos trolls.

Às oito em ponto, as duas luzinhas apareceram.

— *Salâm*, caro Livreiro — eles me saudaram, calorosos.

— *Salâm*, caros trolls — respondi.

Os trolls se sentaram na cama. Um deles trazia entre as garras um caderno de anotações. Durante alguns momentos fiquei observando seus rostos, bastante amistosos a despeito da imensa feiúra. Relembrei-lhes, então, a pergunta que havia feito na noite anterior. Por que tinha esperado tanto tempo para virem me ver — uns três anos?

— Caro Livreiro, quando estava tudo pronto para a viagem, fomos ao Rei de todos os trolls e dissemos: "Longa vida ao Rei de Trolls e à sua bela Rainha! Agora estamos preparados para cumprir as ordens de Suas Majestades. Pedimos ao Rei de todos os trolls que nos ensine as palavras mágicas que nos levarão até Cabul." O Rei nos deu sua permissão para partir e nos ensinou algumas fórmulas especiais para viagens particularmente longas. Assim, demos início à nossa jornada. Havíamos planejado subir uma grande montanha e de lá voar até Cabul, mas antes de chegarmos ao seu topo começamos a nos sentir estranhos, totalmente sem forças. Nenhuma palavra mágica, nenhum sortilégio que pronunciávamos surtiam qualquer efeito.

"Alguns trolls que tinham vindo desejar-nos boa viagem precisaram retornar ao Rei de Trolls para informá-lo do que nos estava acontecendo. O Rei chegou o mais rápido que pôde. Ao ver o nosso estado, mandou chamar os velhos sábios trolls. Mas até as fórmulas mágicas que eles pronunciaram também deram em nada.

"Finalmente, um dos anciãos trolls disse: 'Longa vida ao Rei de Trolls e à sua bela Rainha! Temos razões para crer que seus dois trolls foram enfeitiçados por magia negra. Mas nenhum outro troll está tão apto a cumprir esta missão como eles dois, pois são os mais qualificados.' O senhor há de entender por que ele disse isso, caro Livreiro, quando lhe informamos que a Ásia está sob a nossa responsabilidade há quase 300 anos."

Movendo as cabeças num orgulhoso gesto de assentimento, os trolls confirmaram o que acabavam de dizer.

Na rua, um carro buzinou com insistência, fazendo-me lembrar que eu estava num quarto de hotel da maior cidade do Paquistão. Eu mal podia acreditar que estava frente a frente com dois trolls noruegueses. Como teriam conseguido chegar a

Karachi? Seriam eles perigosos? Criaturas assim podiam viajar de avião? Andando de um lado para o outro no pequeno quarto do hotel, eu tentava pensar com clareza. Os trolls saíram da cama e sugeriram que eu me sentasse. No lençol branco onde haviam estado, vi algumas sementes de pinheiro e o que parecia ser pequenos insetos.

Os trolls continuaram:

— Caro Livreiro, eis o que aconteceu em seguida: um jovem troll veio correndo até o topo da montanha e disse, dirigindo-se diretamente ao Rei: "Longa vida ao Rei de Trolls e à sua bela Rainha! Trago a seguinte mensagem da Rainha: Os dois trolls que deviam ir a Cabul foram destituídos de sua missão dado que não estão mais em condições de partir." O Rei pareceu não gostar da mensagem. Numa voz tonitruante, ordenou que todos retornássemos ao seu castelo. Lá, foi direto à Rainha e disse: "Longa vida a nós. Eu não esperava que a minha bela Rainha cancelasse a missão dos dois trolls por motivos tão precários. Não deveríamos, em vez disso, procurar as palavras mágicas capazes de quebrar o feitiço, custe o que custar, permitindo assim que nossos dois trolls possam completar sua missão?" Finalmente, ele conseguiu convencer a Rainha de que a missão devia ser considerada irrevogável. No dia seguinte, fez-se uma grande reunião com a presença dos trolls anciãos e do Rei e da Rainha de todos os trolls. Depois de prolongados debates, decidiram enviar mensageiros aos xamãs da Amazônia, África e várias outras partes do mundo para pedir-lhes que ajudassem na execução de uma fórmula mágica que quebrasse o feitiço. Era a única maneira de podermos completar a nossa missão.

— Vejo que vocês passaram por muitas dificuldades para chegar até aqui, meus caros trolls — eu disse.

— Sim, caro Livreiro, e a espera também foi longa e exaustiva. Os mensageiros do Rei viajaram pelo mundo inteiro, foram ao coração da floresta amazônica, mas só tiveram decepção. Em todos os lugares recebiam sempre a mesma mensagem — disseram os trolls.

— Que mensagem? — perguntei.

— A de que nós dois estávamos sob o poder de um grande feitiço — responderam.

— Eles disseram algo a respeito de quem os enfeitiçou? — perguntei, ansioso.

— Oh, sim, todos afirmaram que a Cappelen Forlag havia usado o seu poder e as suas forças maléficas para nos atingir.

— Então vocês estão me dizendo que Åsne Seierstad sabia do planejamento dessa viagem?

Os trolls assentiram com a cabeça.

— Caro Livreiro! — continuaram os trolls. — Eles tomaram todas as precauções imagináveis e contrataram um excelente advogado. Tentaram usar toda a sua influência para impedir que nós, e você, portanto, entrássemos em cena.

— Eles não conseguirão cegar o mundo inteiro. O mundo saberá a verdade; cedo ou tarde terá de saber — eu disse.

Os trolls explicaram, então, que tiveram de esperar dois anos até que o Rei e seus homens encontrassem quem soubesse quebrar o feitiço que havia sido lançado sobre eles. Paciente e perseverante, o Rei acabou encontrando, em Kanyakumari, no sudoeste da Índia, um feiticeiro cujos sortilégios eram fortes o suficiente para quebrar o encantamento.

— Finalmente livres para partir, descobrimos, depois de procurá-lo durante um longo tempo, que você estava aqui em Karachi. Viemos imediatamente e agora estamos aqui, conversando — disseram.

Eu não sabia o que pensar a respeito das coisas que haviam acabado de me relatar. Estava tão perplexo que tinha esquecido todas as minhas obrigações de anfitrião.

— Não gostariam de se sentar? — perguntei, apontando a cadeira de braço ao lado da escrivaninha. Ela rangeu quando a mulher troll se acomodou.

— Querem algo para comer ou beber? Aqui tem um frigobar — eu disse.

— Nós não comemos, nem mesmo frutas silvestres. Acreditamos que os animais da floresta precisam mais do que nós da comida. Nós, os trolls, não somos mesquinhos nem egoístas. Amamos a natureza e todas as criaturas que vivem nela. Alimentamo-nos de sol — disseram.

Essa informação me surpreendeu muito, porque já ouvira dizer que os trolls não podiam se expor à luz do sol. Mas não dei muita importância ao fato, uma vez que a minha mente, agora que a chance finalmente havia surgido, estava mais interessada em começar o relato da minha própria história:

— Caros trolls, nos últimos anos recebi vários telefonemas de pessoas desaconselhando-me a ir à Noruega. Até amigos meus, que tinham ficado a meu favor no conflito, receberam telefonemas ameaçadores dizendo que suas vidas estariam em perigo se tentassem ajudar o Livreiro de Cabul. Caros trolls, tenho todas as mensagens eletrônicas guardadas em minha caixa de e-mails.

“Lembro que um jornalista norueguês chamado Jøran Ledal se propôs a ir a Cabul para escrever um artigo que transmitisse aos noruegueses uma impressão mais correta sobre mim e a minha família. Chegamos a acertar que ele me pagaria três mil dólares norte-americanos pela entrevista. Até hoje não entendo por que ele nunca apareceu em Cabul, depois de afirmar que estava a caminho.

"O advogado que se encontrava à minha disposição na Noruega, Sr. Brynjar Meling, também deve ter sido influenciado por essas forças maléficas. Se eu optasse por processar a Cappelen, teríamos de assinar um contrato cujos termos eram bem razoáveis. Dizia que se perdêssemos a causa ele não cobraria seus honorários de advogado. Se vencêssemos, a outra parte teria de pagar todas as despesas. Mas, enquanto preparava a ação, ele exigia um depósito de cinqüenta mil dólares norte-americanos, provavelmente para garantir que teria como pagar a outra parte caso perdêssemos. Como vocês hão de entender, caros trolls, era impossível para mim arranjar tanto dinheiro. Conseqüentemente, o caso ficou em suspenso durante os últimos dois anos.

"Outra parte importante da história é que nosso pedido de visto foi negado. Com isso, não só perdemos muito dinheiro como desperdiçamos mais de três meses do nosso precioso tempo. Portanto, vocês estão certos, caros trolls, essas forças que trabalham contra mim são poderosas. Mas eu me sinto melhor quando penso num provérbio afegão: 'A mentira não vai longe.'"

Reparei, então, que um dos trolls pegou um lápis e um bloco de anotações, e começou a escrever:

— Por que vocês estão tomando notas? — perguntei.

— A nossa memória, felizmente, é melhor e menos enganadora do que a dos humanos, mas o Rei sempre exige que lhe entreguemos um relatório por escrito.

A mulher troll levantou-se da cadeira e mais uma vez a vista da janela chamou sua atenção.

— O sol já se levanta no leste, temos de partir. Voltaremos amanhã à noite para continuar a conversa sobre o livro de Åsne Seierstad.

— Meus caros trolls, vocês são bem-vindos aqui como meus convidados durante o dia também. Se precisam descansar, fiquem com o meu quarto. Tenho como conseguir outro.

— Nossa obrigação internacional é ficar de olho na herança cultural da humanidade. Durante o dia, tomamos conta dos milagres do mundo.

Agora tudo fazia sentido para mim: os trolls precisavam ir embora não porque não pudessem se expor à luz do sol, mas porque o amanhecer os fazia lembrar de suas obrigações diárias. Era óbvio que trabalhavam em muitos campos e níveis, mas o que faziam exatamente, e como faziam, ainda não estava claro para mim. Eu me sentia cada vez mais curioso a respeito de como pretendiam agir no meu caso — se é que pretendiam.

— Cumprimos muitas de nossas tarefas sem que as pessoas saibam — explicaram os trolls, como se tivessem lido meus pensamentos —, mas nunca, jamais, desafiamos o destino.

2

Assim que os trolls se despediram, chamei o serviço de quarto. Pedi um café da manhã completo. Depois de comer, finalmente adormeci. Acordei às três da tarde e saí para caminhar e tomar um pouco de ar fresco, até a hora de jantar num restaurante afegão, onde fiquei cerca de uma hora pensando nas boas lembranças das duas noites anteriores; todo o meu corpo se encheu de alegria. Liguei para a minha esposa e ela disse que estava bem.

— Quando nos encontrarmos, terei boas notícias para você — comuniquei a ela.

— Provavelmente você assinou um contrato importante e comprou uma montanha de livros — ela disse.

— Não, minha querida, é uma história totalmente diferente e muito mais assombrosa — respondi.

Ao desligar, a tristeza e a saudade de casa substituíram a alegria que a conversa me havia proporcionado. Eu sentia falta de minha esposa. Meus familiares viviam distantes uns dos outros: em Peshawar, no Canadá, em Cabul. De repente, sentime um homem sem lar. Aquela hora tranqüila passada no restaurante e a comida afegã haviam aumentado a minha melancolia — queria voltar para casa. Mesmo sendo Cabul um lugar devastado, onde veículos militares roncam o tempo todo pelas ruas, eu queria voltar para lá.

Caminhei durante horas pelas ruas de Karachi que não é uma cidade segura; o contraste entre os diferentes povos tornou-se fonte de violência e crime. Mas eu vagava como um sonâmbulo pelas ruelas escuras sem conseguir pensar em nada além do Afeganistão. Já era noite outra vez quando finalmente retornei ao meu quarto de hotel, onde sentei-me para esperar meus dois amigos.

Passados alguns minutos, ouvi vozes suaves: — *Salâm*, caro Livreiro. — Respondi à saudação e perguntei onde haviam estado.

— Hoje estivemos em Kunar, no leste do Afeganistão, onde quarenta anos atrás comemoramos nosso 135° aniversário de casamento. Guardávamos a lembrança do agradável e fascinante ambiente daquela época, as vastas florestas e seus animais. Não imagina, caro Livreiro, como na época nos alegrou a companhia deles. Mas já não restava lá nenhuma árvore milenar. Serão necessários pelo menos cem anos para podermos ver de novo a beleza que elas exibiam antes da guerra. Os macacos não brincam mais no alto de suas copas. Animais raros foram todos erradicados junto com as florestas. As águas dos rios já não são frescas e limpas. E por toda parte sente-se cheiro de pólvora. Parece que houve lá uma batalha entre as forças da al-Qaeda e os norte-americanos, e que a floresta foi devastada por incêndios e explosões. Em outras palavras, caro Livreiro, trata-se de uma catástrofe.

O retrato da situação relatado pelos trolls só fez aumentar a minha saudade de casa. Confidenciei-lhes que sentia muita falta de Cabul. Com um sorriso astuto nos lábios, os trolls trocaram alguma espécie de mensagem usando sinais secretos.

— Caro Livreiro — eles disseram —, você pode ver Cabul esta noite se quiser, mas com duas condições.

— Farei o que for necessário.

— A primeira: você terá de voltar conosco a Karachi ao amanhecer. A segunda: terá de ser extremamente cauteloso e cuidar para que ninguém o veja.

Então um dos trolls abriu a janela e, de algum lugar dentro do seu pêlo desgrenhado, tirou um tapete, que desenrolou sobre o peitoril. O tapete flutuou no ar, com as franjas adejando suavemente ao vento. Os trolls subiram no tapete, que oscilou sob o seu peso, e em seguida fizeram sinal para que eu os seguisse.

— Não é este o meio de transporte mágico preferido nesta parte do mundo? — perguntaram.

Fechei os olhos e subi cautelosamente no tapete, com o coração acelerado. Movido pelas palavras mágicas ditas pelos trolls, logo o nosso tapete voava sobre os vastos subúrbios de Karachi. De início agarrado ao tapete, em pouco tempo percebi que ele nos transportava com segurança e estabilidade pelo ar. Foi, de fato, uma viagem bastante confortável, à exceção da passagem sobre as montanhas de Peshawar, onde sentimos alguma turbulência. Ainda assim, mal tinha coragem de olhar para baixo.

— Caro Livreiro, precisamos falar com você sobre algumas coisas que têm preocupado o povo norueguês — disseram eles quando nos aproximávamos de Cabul.

O vento os obrigava a quase gritar.

— Quando Åsne Seierstad lhe perguntou se poderia morar com a sua família para escrever um livro sobre o Afeganistão, você disse imediatamente que sim. Franqueou-lhe sua casa durante cinco meses sem nada pedir em troca e sem qualquer contrato ou acordo por escrito. Na Noruega, a maioria das pessoas sabe disso. Cinco meses são um longo tempo para se ter um hóspede em casa, principalmente nas circunstâncias em que vocês se encontravam, em que cada hora do dia era importante e valiosa. Por que você fez isso se lhe é tão precioso proteger a sua privacidade?

— Meus caros trolls, embora naquela época fosse mais ou menos impossível para mim ter hóspedes em casa, a cultura afegã e as regras de hospitalidade nos dizem que todo hóspede é um amigo de Deus. Então, seria difícil dizer não. Como parte considerável da cidade havia sido destruída pela guerra, a situação de moradia em Cabul estava terrível. Éramos vinte pessoas dividindo quatro quartos bem pequenos. Depois da queda do Talibã, mais de um milhão de afegãos retornou a Cabul, vindo do Paquistão e das províncias. Tentei imaginar a dificuldade que era ter vinte pessoas vivendo num pequeno apartamento carente dos confortos mais básicos, como colchões, cobertas e utensílios de cozinha. Quase tudo que possuíamos estava em nossa casa no Paquistão. E era praticamente impossível trazer móveis e outros objetos de volta a

Cabul, porque não havia como transportá-los — expliquei aos trolls.

Já sobrevoávamos Cabul. Talvez fosse apenas o vento, mas senti as lágrimas brotarem dos meus olhos. Na descida, circundamos as montanhas e baixamos até a planície, quase roçando o telhado do hospital Akbar Khan, onde por algumas janelas se viam luzes acesas. Achei que minhas pernas não me sustentariam quando chegássemos ao solo. Mais do que qualquer outra coisa, eu queria ver meus familiares e meus velhos amigos. Mas como havia prometido aos trolls não mostrar o rosto para ninguém, optei por guiá-los numa turnê pela cidade.

— Vocês não imaginam as péssimas condições de vida no país — disse-lhes. — Depois de trinta anos de combates devastadores, a maior máquina militar do nosso tempo está agora se mobilizando contra a al-Qaeda e o Talibã. Nesse ínterim, fomos invadidos por um dilúvio de estrangeiros: trabalhadores da ajuda humanitária internacional, jornalistas, espiões, contrabandistas, diplomatas e soldados de toda parte do mundo. Vieram, sem exceção, a Cabul com a esperança de pegar uma parte dos bilhões de dólares que estavam sendo despejados sobre o Afeganistão.

— Que tipo de acordo você fez com Åsne Seierstad? — Os trolls ainda não estavam, obviamente, prontos para abandonar o assunto.

— Absolutamente nenhum. Meu código moral me obrigou a ajudá-la, deixando-a ficar com minha família para poder relatar ao mundo a cultura e o modo de vida dos afegãos. Não fizemos nenhum trato, não houve qualquer transação comercial envolvida porque acredito que quanto mais os povos do mundo nos entenderem, mais poderão nos ajudar. Nas atuais circunstâncias, o Afeganistão é completamente dependente da ajuda do resto do mundo — respondi.

Caminhávamos ao longo do rio. Quando passamos pela mesquita Shah-Do-Shamshira, os trolls me perguntaram se me incomodava o fato de Åsne não ser muçulmana.

— Como hóspede, Åsne Seierstad desfrutou de uma posição especial em nossa casa. Ela podia até não acreditar em Deus, mas nossa religião nos ensina que estamos todos sujeitos à vontade Dele. Todos os seres humanos e criaturas que nos cercam foram criados por Ele, mesmo aqueles que não crêem Nele, e é nossa obrigação honrar tudo que Ele criou. Como hóspede em um lar afegão, ela foi tratada de acordo com esses preceitos — expliquei.

— E o que o resto de sua família pensava de sua hóspede? — perguntaram os trolls.

— Meu filho mais velho não gostava dela e costumava me dizer: "Não vejo qualquer indício de que essa mulher seja uma escritora. O que ela vai escrever sobre a cultura afegã? Além disso, não há um quarto para ela em nossa casa." E eu lhe dizia: "A personalidade dela não nos diz respeito. É assunto dela, não nosso. Se ela pretende escrever um livro sobre a cultura e a sociedade afegãs, é melhor que as conheça por meio da observação direta do que por intermédio de livros. Deixe-a fazer seu trabalho. Devemos nos orgulhar de ter uma norueguesa como hóspede em nossa casa. Há dezenas de boas norueguesas ajudando os refugiados afegãos nos campos do Paquistão. E, quanto à falta de espaço, lembre-se do provérbio que diz: 'Sempre há espaço quando o coração é grande.' Além do mais, minha irmã 'Leila' vai poder aperfeiçoar o inglês dela, já que não está atualmente na escola." Graças a essas minhas palavras, meu filho veio a se tornar muito amigo dela — disse aos trolls.

— Caro Livreiro, você acaba de mencionar que sua irmã "Leila" não freqüentou a escola durante algum tempo. As pessoas falam sobre isso na Noruega — que você não deixava seu filho de doze anos e sua irmã "Leila" estudarem. Elas têm dúvidas sobre o seu caráter, acham que dinheiro e lucro são tudo que importa para você — disseram os trolls.

— E o que vocês mesmos pensam, meus caros trolls? Acham realmente que eu seria capaz de impedir algum membro de minha família de freqüentar a escola? — perguntei-lhes. — Se vocês conhecessem a minha família, veriam que todos sabem ler e escrever. São todos instruídos, exceto minha mãe e minha segunda esposa, que cresceram durante a guerra civil e o regime talibã, e foram, portanto, privadas do direito à educação. Se conhecessem meus familiares, vocês saberiam que eles estão na classe das pessoas mais instruídas do Afeganistão.

A essa altura, já nos encontrávamos na parte ocidental da cidade, onde a toda hora passávamos por casas bombardeadas. De mãos dadas, os trolls pareciam tristes. Expliquei-lhes que a maioria dessas casas, um total aproximado de setenta mil, havia sido destruída durante a guerra civil.

— Meus caros trolls, muitas escolas afegãs do Paquistão foram fechadas imediatamente após o 11 de setembro de 2001 devido à guerra entre os Estados Unidos e a al-Qaeda. Hoje o mundo inteiro sabe que, sob o regime talibã, todas as escolas de meninas e a maioria das escolas de meninos do Afeganistão foram fechadas. Além disso, a estada de Åsne Seierstad no Afeganistão coincidiu com as férias escolares de inverno, que duram quatro meses.

"Vocês fazem idéia, caros trolls, do que se passou nesses últimos trinta anos de guerra no Afeganistão? Se eu lhes disser que setenta por cento dos afegãos são analfabetos, vocês acreditariam que homens avarentos e cruéis como 'Sultão Khan'* — como fui nomeado no livro de Åsne Seierstad — são os culpados dessa desgraça? Será que no resto do mundo as pessoas não percebem que somos vítimas de uma guerra mundial? Será que elas não sabem que cento e cinqüenta mil soldados russos, equipados com as armas mais letais que se pode imaginar, invadiram o Afeganistão e aqui permaneceram por mais de uma década? Que eles incendiaram centenas de escolas afegãs como parte de sua guerra imperialista? Meus caros trolls, será que no resto do

---

* Sultan Khan foi o pseudônimo que Åsne Seierstad usou para designar o livreiro de Cabul, cujo nome verdadeiro é Shah Muhammad Rais. A edição brasileira de *O livreiro de Cabul* optou por deixar parte do pseudônimo em inglês (*Sultan* Khan). Em nossa edição, preferimos traduzir essa parte para o português (*Sultão* Khan), especialmente porque entendemos pejorativo o uso do substantivo indicador de título de nobreza (Sultão), assim como o sobrenome que ela escolheu — *Khan* —, que parece remeter propositalmente à figura do "Imperador do Mundo" Gengis Khan, que, por coincidência ou não, acredita-se ter sido o descendente de Cabul Khan, e também porque Khan (*Cã* em português) significa "Senhor" e, na época, era quem governava um clã e se impunha mais pela força do que pela sua descendência nobre. (N.E.)

mundo, e na Noruega especialmente, as pessoas não sabem que a guerra contra o Talibã teve conseqüências devastadoras para o nosso sistema educacional? Será que, ao assistir as reportagens feitas por seus próprios jornalistas, elas não percebem que Cabul está devastada, que a maior parte da cidade está em ruínas e que em todo o Afeganistão as escolas foram arrasadas?"

Os trolls, seres pacíficos por natureza e altamente respeitadores do ser humano, estavam profundamente deprimidos com o que viam pelas ruas de Cabul. Mas não deixaram de comentar sobre as lojinhas e casas que as pessoas conseguiam erguer das ruínas da guerra.

Disse-lhes reiteradamente que a maior parte dos membros da minha família havia freqüentado a escola, que alguns se encontravam atualmente na universidade e que estávamos empenhados em abolir o analfabetismo no Afeganistão. Falei-lhes do nosso profundo pesar devido ao fechamento das escolas.

— Durante todo o período do regime talibã, minha segunda irmã mais velha e cinco outras mulheres da minha família trabalharam duro para implantar escolas clandestinas para meninas. Passaram seis anos ensinando às meninas que queriam aprender a ler, mas acabaram vendo suas escolas serem fechadas por uma base voluntária do regime talibã. Eu mesmo ajudei essas meninas criando centros de ensino com o suporte de uma organização de ajuda estrangeira. Meus caros trolls, Åsne Seierstad entrou no Afeganistão pela fronteira norte; ficou cinco meses em Cabul antes de deixar o país pela fronteira leste com o Paquistão. Como é possível ter escapado aos seus olhos europeus a visão de todas essas escolas arruinadas? Em vários momentos ela parece responsabilizar "Sultão Khan" pela tragédia que se abateu sobre o nosso sistema educacional — desabafei.

Os trolls não pareciam convencidos. Percebi que, apesar de amistosos e receptivos, a impressão que tinham a meu respeito estava determinada pelo livro de Åsne Seierstad. E comecei a me perguntar se "Sultão Khan" estaria sempre alguns passos à minha frente, arruinando meu nome e minha boa reputação.

— Caro Livreiro, mesmo sabendo que seu filho de doze anos não ia à escola pelo simples fato de que não havia escola para ir, os noruegueses se perguntam por que você o obrigava a trabalhar doze horas por dia. Essa questão perturba muita gente naquele país — disseram os trolls.

— Digam-me, caros trolls, aonde eu deveria, como pai, mandar meu filho de doze anos para brincar e se divertir quando o que estava plantado nos parques de Cabul não eram flores coloridas, mas granadas de fragmentação confeccionadas para parecerem brinquedos e, ao serem detonadas, cegar as crianças e dilacerar seus membros?

"Para que mandar meu filho ao jardim zoológico, quando o de Cabul se encontrava na linha de fogo, e seu único elefante, de que as crianças gostavam tanto, havia sido encarcerado e abandonado à míngua para morrer? Os gansos, os pássaros silvestres, as perdizes, as gazelas de olhos negros e os antílopes, todos tinham sido comidos! As raríssimas cobras pintadas, adoradas pelas crianças afegãs, haviam sido estraçalhadas por balas e granadas de mão. Os escorpiões de ferrão duplo, tão raros quanto essas cobras, acabaram sendo esmagados pelos calcanhares das botas militares. As crianças não podem mais atiçar os escorpiões pela parede de vidro. A leoa Marjân, a vovó do zoológico, também adorada pelas crianças, teve um de seus olhos arrancados e hoje mal pode ver seus amiguinhos. Há muito tempo não há mais macacos no zoológico de Cabul para fazerem rir as crianças afegãs. O zoológico inteiro exala o fedor das carcaças e dos animais maltratados.

"A que montanha eu deveria mandar meu filho de doze anos para brincar, quando todas as colinas verdes estão envenenadas, destroçadas, esquecidas ou mortas após trinta anos de guerra? Desde que as colinas acabaram, caros trolls, as borboletas não brincam mais de pique com as crianças afegãs.

"A que museu deveria eu mandar meu filho de doze anos para elevar seu orgulho e sua auto-estima, se o Museu Nacional foi saqueado por contrabandistas que roubaram artefatos ancestrais e antiguidades de até seis mil anos de existência? Meus caros trolls, as estátuas do rei e da rainha, de dois mil anos, foram despedaçadas, e o jarro de ouro da rainha, derretido e vendido a peso como ouro comum!

"A que biblioteca eu deveria mandar meu filho de doze anos, se todas as bibliotecas de Cabul foram destruídas e o Talibã queimou todos os livros infantis, muitos deles maravilhosamente ilustrados?

Åsne Seierstad sabe dos graves perigos que espreitam as crianças afegãs. Provavelmente ela se lembra da história de uma criança da minha família, de cinco anos de idade, que foi raptada. Após semanas de busca, os pais encontraram seus restos mortais: mechas de cabelo e suas roupas rasgadas. Raptores perversos vendem essas crianças a demônios que acreditam poder aumentar magicamente sua libido molestando meninas menores de idade. Depois de morrerem massacradas pela força bruta, seus órgãos internos são vendidos no mercado negro.

"Eu amo todos os meus filhos, como se espera de um pai. Para os padrões afegãos, meus filhos são bastante instruídos e estão à frente de sua idade no que diz respeito a conhecimento e educação. Depois de doze anos na escola, meu filho mais velho quis seguir os passos do pai e trabalhar no ramo de compra e venda de livros. Negócios de pai e filho podem ser encontrados em todo o mundo. Qualquer norueguês verá que meu filho é um homem instruído, se chegar a conhecê-lo. Ele fala cinco idiomas, é fluente em árabe e tem um inglês perfeito. Além do mais, o Afeganistão precisa de uma editora."

Os trolls concordaram quanto a essa última parte. Fiquei contente por terem me escutado, e então, a todo momento, eu os via assentir com a cabeça em aparente concordância com as minhas palavras. Mas quando lhes perguntei se poderiam ajudar, e, se em caso afirmativo, o que poderiam exatamente fazer, a resposta que recebi foi:

— Isso depende do Rei de Trolls.

Ainda não havia amanhecido. Eu tinha algum tempo antes de voltarmos para Karachi, conforme o combinado. Movíamo-nos como num filme; num minuto estávamos junto aos muros da cidade, no seguinte víamo-nos diante da casa de um parente. Mas eu ainda não havia compreendido completamente que tinha pegado carona nos poderes mágicos dos trolls até subirmos à cidadela Bala Hissar por um caminho totalmente minado e com bombas não-detonadas sem sofrer um arranhão sequer.

— Quando Åsne Seierstad estava morando conosco — eu disse, enquanto olhávamos a vista da cidade bem pouco iluminada —, o meu segundo filho mais velho costumava ajudá-la a resolver problemas em seu computador. Ele era muito bom em processadores de texto. Naquela época, o melhor lugar para meus filhos aprimorarem seus conhecimentos era o Hotel Continental, onde moravam de quinhentos a seiscentos estrangeiros. Eles iam para lá se divertir e aprender mais sobre o mundo diferente do deles. Mas eles não trabalhavam doze horas por dia, tampouco o que faziam era obrigatório. Exatamente no dia em que as escolas reabriram, meus filhos estavam entre os primeiros a passarem pela sua porta para voltar a estudar. Meu filho e minha filha que moram no Canadá estão hoje entre os melhores alunos de suas escolas e receberam vários diplomas de louvor.

Eu queria mostrar aos trolls a Escola Istiqlal; então, caminhamos até a área mais elegante da cidade. Essa escola, criada pelos franceses no lado sul do velho castelo, é considerada a melhor e mais moderna do Afeganistão. Expliquei aos trolls que ela recebe apoio financeiro da França e que seus professores são franceses e afegãos. Disse-lhes também que Åsne Seierstad havia visitado essa escola na companhia de Fazil.

— Sim, caros trolls! Fiz questão de que meu sobrinho se matriculasse nessa escola. Åsne Seierstad afirma que eu me aproveitei de sua força de trabalho. Eu o deixava trabalhar quando não estava na escola, com o intuito de que ele pudesse aprimorar sua personalidade e alguma hora contribuísse para a economia familiar, ganhando também algum dinheiro para si próprio. O que Åsne Seierstad escreveu a esse respeito é um insulto a mim e a todos os seus leitores da Noruega, país onde ela teve as melhores condições de vida possíveis.

Contei aos trolls que, durante o regime talibã, matérias como ciências naturais, biologia, física e matemática foram eliminadas do currículo escolar. Hoje os tempos mudaram, e a escola tem professores sem barba que ensinam ciências. Os trolls disseram-me estar felizes com esta evolução.

— Mesmo assim, meus caros trolls, parece que Åsne Seierstad não percebeu esse fato. Há uma passagem em seu livro em que ela descreve as dificuldades de Fazil na Escola Istiqlal. Num certo parágrafo ela narra: “Deu tudo errado quando Fazil teve que ir ao quadro-negro para responder sobre Deus.”* Aí ela apresenta a lista de perguntas: Deus pode morrer? Deus pode falar? E assim por diante.

---

* *O Livreiro de Cabul*, de Åsne Seierstad, Record, 2006, p. 220.

Meus caros trolls, essas perguntas são de um livro escolar talibã que havia sido eliminado do currículo sete meses antes!

Os trolls riram.

Ficamos durante algum tempo na frente do castelo. Disse-lhes que ele havia sido construído na década de 1920 e que suas maciças muralhas de pedra haviam protegido vários líderes afegãos ao longo do século. Os trolls escutavam assentindo com a cabeça. Toda vez que passava um carro eles colocavam o queixo contra o peito para esconder o rosto. Mal se podia distingui-los na paisagem. Para mim, que não tinha essa capacidade mágica, era mais difícil, mas eu procurava não despertar a atenção porque fazia parte do nosso trato.

— Meus caros trolls, como esta área está sob a sua responsabilidade há séculos, provavelmente vocês sabem como é fácil ser injusto com as pessoas quando não se está familiarizado com a sua cultura. Muitos noruegueses, sobretudo jornalistas, disseram-me suspeitar de que eu havia sido injustiçado e que, ainda que fosse verdade o que escreveu Åsne Seierstad, ela nunca deveria tê-lo publicado. Åsne Seierstad iludiu as pessoas do restante do mundo quando falou da catastrófica realidade das crianças afegãs. Ao abordar a educação de "Leila", Åsne disse que ela freqüentou a escola apenas durante nove anos e que falava bem o inglês. Vocês não diriam que é normal em todo o mundo uma garota de dezessete anos de idade ter freqüentado a escola durante nove anos? Ela foi para uma escola no Paquistão e perdeu um ano de estudo porque a escola foi fechada durante a guerra. E apesar da prioridade que damos à educação, Åsne Seierstad escreveu que "Sultão Khan" não deixava seus filhos estudarem.

Minha terceira noite com os trolls estava chegando ao fim. Como eu queria passar pelo meu apartamento antes de ir embora, consegui convencê-los a atrasar nossa partida por alguns minutos. Atravessamos a Praça Sadarat, ainda imersa no silêncio da noite. Disse-lhes que era ali que meu sobrinho supostamente se esfalfava carregando enormes caixas de livros. Meu apartamento estava exatamente como eu o havia deixado. Bebi um copo d'água; os trolls não quiseram água nem comida, como sempre.

— Como foi que o Rei de Trolls se interessou tanto pelo meu caso a ponto de ordenar que vocês viessem examiná-lo mais de perto? — perguntei.

— Caro Livreiro! O Rei de Trolls atribui grande importância à justiça e, assim como todo o povo norueguês, tem profundo respeito pelo ser humano — responderam.

Percebi que era a melhor resposta que poderia obter deles, pelo menos por ora.

— Estou convencido da veracidade do que vocês dizem sobre o povo norueguês. Desde o começo da catástrofe aqui no Afeganistão, noruegueses abnegados trabalham na ajuda humanitária aos campos de refugiados afegãos no Paquistão, onde as condições são terríveis e o clima é bastante rigoroso. Vejam vocês, meus caros trolls, a guerra no Afeganistão é uma guerra mundial que traz imenso sofrimento a pessoas inocentes. Eu gostaria de poder dizer às demais pessoas do mundo inteiro, e da Noruega em particular, que somos vítimas dessa guerra mundial.

"Os russos queriam ter acesso à costa da Índia. Milhares de soldados invadiram nosso belo país com seus milhares de armas. Durante essa longa guerra, os russos perderam somente quinze mil homens, ao passo que mais de um milhão e meio de afegãos morreram como mártires ou ficaram inválidos. Há mais de três milhões de exilados e refugiados. Mais de dez milhões de minas espalhadas em todo o solo do nosso país; apesar de tantos anos já passados, as pessoas ainda estão sujeitas a sofrer as terríveis conseqüências de pisar numa delas.

"Meus caros trolls! Pensem em quantas pessoas vivem felizes na pátria de Osama Bin Laden, enquanto nosso querido país foi transformado num reino de terror por uma guerra onde quem sofre e morre somos nós. Provavelmente vocês devem ouvir os noticiários dando conta das vidas afegãs que se perdem todos os dias. Meus caros trolls! Será que os noruegueses não percebem que para cada homem que morre neste país como mártir ou vítima da guerra há uma mulher que perde seu marido, uma irmã que perde seu irmão, ou uma mãe que passará anos chorando a morte de seu filho inocente? Não temos, então, o direito de perguntar ao mundo se é justo estarmos sofrendo porque outros povos querem usar nosso país para seus propósitos?

"Meus caros trolls, centenas de escolas foram queimadas nos últimos cinco anos. Não é direito de toda pessoa viver a sua própria vida? Não é direito de toda mulher poder fazer seu trabalho, não é direito de todo menino e toda menina ir à escola, não é direito de todo homem ganhar a vida da mesma forma como se ganha na Noruega e em todos os outros lugares do mundo?"

Parei de falar quando vi lágrimas nos olhos da mulher troll. Então disseram:

— Sim, é horrível. Vimos o estado lamentável em que estão as pessoas por causa dessa guerra sem fim.

— Será possível que os noruegueses não desejam saber a verdade do que está se passando conosco? Eles não querem que sejamos tratados com justiça? — perguntei-lhes.

— Sim — ambos me asseguraram. — Como já dissemos, os noruegueses têm um profundo respeito pelas pessoas. É por isso que se interessam tanto pelo que está acontecendo no mundo, pelo que os outros pensam e sentem. Na Noruega, é ilegal insultar qualquer pessoa sem algum motivo. E é ilegal trazer a público os assuntos privados de uma família inocente do jeito que foi feito.

Pude ver, assim, que eles haviam captado o que mais me chateava.

Faltava muito pouco para o amanhecer, e os trolls disseram que tínhamos de retornar. Enquanto subiam no tapete, corri para buscar uma carta que havia guardado em algum lugar e que fazia questão de lhes mostrar.

— Em várias passagens do livro de Åsne Seierstad, fui retratado de maneira implacável como um homem medonho, egocêntrico e extremamente ambicioso. Meus caros trolls, quando conheci, em setembro de 2003, na Alemanha, o jornalista norueguês Guro Hoftun Gjestad, do jornal *VG*, após uma rápida conversa ele me olhou entre desconfiado e incrédulo, e disse: "Custo a crer que o senhor seja o Livreiro de Cabul, porque a pessoa que imaginei ao ler o livro de Åsne Seierstad não combina absolutamente nada com a sua personalidade." Meus caros trolls, quando um homem instruído passa toda a vida trabalhando com o conhecimento e a cultura, os lados negativos de sua personalidade não têm chance de se desenvolver — gritei do meu quarto enquanto procurava a carta.

"Pessoas mal-educadas e ignorantes podem ser cruéis e egocêntricas. Pessoas bem-educadas são amistosas, sinceras e compassivas. Nestas, podemos ver todos os lados positivos da humanidade. Da forma como sou descrito por Åsne Seierstad, o título de seu livro devia ter sido *O carniceiro de Cabul*."

Finalmente encontrei o que procurava — um e-mail impresso que havia recebido de um jornalista *freelance* norueguês que certa vez visitara a mim e à minha família, acompanhado de um diplomata amigo seu. Eu o li para os trolls antes de nos sentarmos no tapete e decolarmos para Karachi. Dizia:

Caro Shah,

Muito obrigado por sua rápida resposta. Não estou tão surpreso com a sua reação ao livro de Åsne. Como lhe disse ao nos conhecermos em Cabul, há aspectos do livro que achei curiosos, e depois de tê-lo visitado e entrevistado na livraria, e conhecido sua adorável família, compreendi que algumas partes da história de Åsne não transmitiam a imagem correta.

Lembro-me de ter-lhe dito que o livro de Åsne dava aos leitores noruegueses a impressão de que você, meu amigo, é um pai demasiado rigoroso e severo, que não trata a sua família de uma maneira digna para os padrões ditos "ocidentais". Mas o que vi ao conhecê-lo e aos seus entes queridos, e desfrutar da sua hospitalidade, foi um homem apaixonado por seu trabalho e sua família, um bom pai e marido, e um muçulmano liberal.

As idéias e reações que você teve naquele mês de fevereiro, e as coisas que me disse na entrevista, foram narradas num artigo publicado num jornal norueguês. As reações dos meus leitores restringiram-se ao fato de que seria realmente interessante ouvir seus comentários sobre sua maneira de educar os filhos, seu convívio com suas esposas e a condução que dá às suas livrarias e aos seus negócios. Meu artigo foi lido por 1,5 milhão de leitores.

Se for do seu interesse, posso escrever outro artigo com base em suas reações à leitura da versão traduzida para o inglês. Tenho certeza de que todos os amigos noruegueses que você fez por intermédio do livro de Åsne gostariam de ouvir uma resposta autêntica e honesta, onde você possa comentar os detelhes, falar de seus sentimentos e contar ao povo norueguês que partes do livro não correspondem à verdade.

Se você quiser que eu escreva tal artigo, ficaria muito honrado. Espero que considere essa proposta. Diga-me, por favor, sim ou não. E se a sua resposta for "sim", poderei enviar-lhe algumas perguntas por e-mail.

Espero também que você consiga vir à Noruega, onde poderá exprimir seus sentimentos sobre o famoso livro de Åsne. Caso possa vir, e tenha tempo e oportunidade, seria motivo de grande alegria para mim e a minha família recebê-lo em nossa casa. Todos aqui se emocionaram com a sua história e a de sua família.

Quase sem que eu percebesse, o tapete decolou e pairamos sobre os telhados. Os transeuntes do início da manhã pareciam não perceber que voávamos sobre eles, mas cães e gatos corriam tão rápido quanto podiam.

Os trolls me consultaram se poderiam levar emprestado a carta.

— Até que o caso esteja resolvido — pediram.

Quando lhes perguntei para que precisavam dela, murmuraram qualquer coisa a respeito de "documentação", antes de me darem a resposta de costume:

— Isso é com o Rei de Trolls.

3

— Caro Livreiro! Temos de reconhecer que Cabul é um lugar muito bonito — confessaram os trolls enquanto sobrevoávamos a cidade.

Ainda estava escuro o bastante para que as estrelas fossem percebidas com nitidez.

— Em nenhum lugar no mundo vimos tantas estrelas. Apesar das marcas que a guerra deixou em Cabul, a beleza da noite é de tirar o fôlego — disseram os trolls.

Circulamos sobre Cabul durante algum tempo. De repente, tivemos de aumentar a altitude para evitar um helicóptero militar norte-americano. Em seguida rumamos para Karachi. Nenhum de nós falou durante boa parte da viagem. Apenas desfrutamos a vista fabulosa: o sol se erguendo sobre as montanhas, os pássaros voando abaixo de nós.

Começamos a conversar quando já nos aproximávamos da fronteira com o Paquistão.

— Eram oito mulheres na casa quando Åsne Seierstad veio morar conosco: minha mãe, minhas irmãs, minhas duas esposas, minhas duas primas viúvas, e Najiba, uma hazara que trabalhava para nós como doméstica. Várias vezes durante sua estada Åsne Seierstad visitou a casa de Najiba. Foi lá que ela tomou conhecimento da difícil situação das mulheres afegãs. Najiba deixava os quatro filhos em casa durante o dia, enquanto trabalhava em minha casa para ganhar o sustento. A filha de oito anos tomava conta das outras crianças. Por que Åsne Seierstad não escreveu uma única palavra sobre Najiba e a vida dela? Desconfio que seu editor aconselhou-a a não mencionar Najiba porque, se o fizesse, a história de "Leila" pareceria sem sentido — eu disse.

O vento às nossas costas nos permitiu cruzar a fronteira em boa velocidade. Por um momento ocultamo-nos no interior de uma nuvem branca, mas logo saímos novamente para o claro céu azul. Os trolls sentavam-se de frente para mim para facilitar o fluir da conversa.

— Na verdade, não precisávamos de Najiba como empregada, mas eu a contratara por causa de suas dificuldades financeiras — expliquei.

— Quais eram as tarefas de responsabilidade dela em sua casa? — perguntaram os trolls.

— Limpar a casa e lavar a louça — expliquei. — Ela chegava às oito, tomava o café da manhã e começava a trabalhar. A primeira pessoa a se levantar era sempre a minha primeira esposa. Ela e minha mãe preparavam o café para vinte pessoas. Minha segunda irmã mais velha era um pouco mimada. Ela se levantava para ajudar minha esposa e minha mãe cerca de uma hora depois. Todos preferíamos que minha mãe fizesse o café, porque nenhuma comida era tão boa quanto a dela e o trabalho a mantinha saudável. Além disso, preparar o café da manhã a deixava feliz. O motivo de minha segunda esposa acordar tarde era porque passava a maior parte da noite amamentando nosso filho recém-nascido. Não tinha nada a ver com o despotismo de "Sultão Khan", mas com o direito natural da mãe que amamenta o filho, e minha mãe e minha primeira esposa reconheciam esse direito ainda mais do que eu. Minha irmã "Leila" era a última a se levantar de manhã.

Éramos uma família rica e feliz. Todos gozávamos de boa saúde. A história da infelicidade de "Leila" é pura invenção. Nenhuma família comum tiranizaria uma jovem como "Leila" ou a faria trabalhar como se fosse uma escrava. Sempre que ela fazia o chá, ou ia buscar um copo d'água, estava apenas agindo como irmã afetuosa que tem um profundo apreço por seu irmão mais velho e sua mãe. Ela não agia como "criada" nem como "Cinderela", como afirma Åsne Seierstad em seu livro. Assim como os outros homens da família, quase nunca eu estava em casa. Trabalhávamos até tarde da noite; e quando voltávamos para casa, depois do jantar ficávamos conversando durante mais ou menos uma hora antes de irmos para a cama. Simplesmente não tínhamos tempo de usar alguém como escrava. Na cultura afegã, a mãe sempre nutre um amor especial pelo filho mais novo, e "Leila" era a mais nova. As razões pelas quais ela não estudava, e pelas quais as demais mulheres não trabalhavam, eram outras. Na verdade, convenci minha irmã a se matricular num curso de inglês em Cabul e pedi a Åsne Seierstad que a acompanhasse no primeiro dia, como, aliás, ela relata em seu livro. Mas o curso não atendeu às suas expectativas e o ambiente era tão ruim que nem minha mãe a deixaria continuar.

Abaixo de nós, o belo rio Indo coleava no horizonte. A vista era tão deslumbrante que passei um longo tempo sem conseguir falar. Os trolls disseram que devíamos seguir o rio por todo o Paquistão até a costa, onde fica Karachi. Então prossegui o meu relato.

— As meninas e mulheres afegãs não sentem mais necessidade de sair para passear na cidade porque os ciprestes não crescem mais nos parques nem nas ruas de Cabul. Elas não podem mais competir entre si para ver quem é a mais alta ou a mais esbelta. Para elas, é doloroso ver os parques, as praças e as ruas de Cabul porque se lembram de tempos mais alegres, e tudo isso faz com que se sintam duplamente mais infelizes. A vista das ruas e parques de Cabul leva toda mulher afegã a se lembrar dos bons tempos passados. Seu coração já não suporta mais ver os jardins e os roseirais. Quando sai para caminhar no parque, ela se lembra de que costumava ir ali passear de mãos dadas com seu pai que já não habita mais este mundo: foi torturado e morto numa prisão russa.

"Antes, ela passeava por essa rua com o namorado que lhe foi roubado pela explosão de um míssil. Antes, ela passeava por esse parque com o irmão que hoje vive como refugiado num país distante. Tudo que lhe restou foi a voz dele ao telefone. Quando o telefone toca, seu coração bate mais forte. Ela escuta a voz do irmão. Sente um nó na garganta, as lágrimas escorrem pelo rosto e ela não consegue falar. Seu irmão grita do outro lado da linha: 'Irmã, sou eu; sou eu, irmã; sou eu.' Seu irmão só a ouve chorar, nada mais.

"As mulheres afegãs foram privadas de toda espécie de felicidade por causa da guerra. Em seu lugar, restam o pesar e a dor de estarem separadas de seus entes queridos. E têm de enfrentar a pobreza em todos os aspectos da vida. Uma viúva com cinco ou oito filhos tem de se manter com menos de trezentos dólares norte-americanos por ano. Comparem isso com rendimentos noruegueses de cinqüenta a cem mil dólares por ano. A guerra, que já dura mais de trinta anos, é a causa dessa desastrosa pobreza das mulheres. Em sua ignorância, Åsne Seierstad omite a catastrófica realidade dessas mulheres; ela ilude as pessoas de todo o mundo quando as leva a acreditar que homens como 'Sultão Khan', e não os soldados russos, o Talibã, a al-Qaeda e todos os anos de guerra civil são os culpados pela sua desgraça."

Os trolls fizeram a volta ao nos aproximarmos do mar. Pareciam estar se preparando para pousar. Sobrevoamos o delta do rio e as ondas das praias de Karachi. De cima, pareciam tiras de espuma branca. Ao alcançarmos as camadas mais baixas de ar, fomos atingidos por um intenso calor. Pousamos na praia vazia, atrás de um pequeno abrigo oculto pela névoa.

— Caro Livreiro, você afirma que sua instrução e conhecimento fazem de você uma boa pessoa — disseram os trolls enquanto se espreguiçavam após a longa viagem —, mas o fato de não ser amigo de seu irmão e de ele ter sido afastado do convívio da sua família faz com que os noruegueses ponham em dúvida o seu caráter.

— Meus caros trolls! Esta é mais outra invenção peculiar de Åsne Seierstad. Vocês sabem que fui muito bom para Åsne Seierstad; que sempre lhe ofereci minha amizade e minha consideração paternal. Por que, se nunca lhe fiz mal algum, ela me ataca reiteradamente em seu livro? Por que escreve uma coisa dessas a meu respeito — que eu não me dou com meu irmão? Pois se ela mesma nos viu juntos em certa ocasião! Tínhamos muitas coisas para conversar, e Farid me contou um monte de ótimas piadas. Ela não entendeu o que viu? Ela não se lembra direito de Farid? Ela o conheceu; devia saber que ele é um sujeito feliz e muito divertido. Ela sabia muito bem que ele é motorista de táxi e vive ocupado trabalhando para jornalistas estrangeiros. Quando vinha passar um ou dois dias em Cabul, é claro que ele preferia ficar com a esposa e os filhos a vir nos visitar.

"A última vez que nos vimos foi quando ele teve uns dias de folga depois de passar dois meses conduzindo um grupo de japoneses pela província de Bamiyan. Depois disso, viajou a outra província, onde deveria ficar vários meses. Na época, a situação em Cabul não propiciava às pessoas o tempo necessário para se encontrarem e conversar. E eu *cometi* a tolice de perder o meu precioso tempo com Åsne Seierstad. Será que ela não se lembra de que meu irmão me telefonou de Jalalabad para dizer que queria vir me visitar? Eu lhe disse que estava no Paquistão, na companhia de Åsne Seierstad, e que voltaríamos para Cabul no dia seguinte. Combinamos, então, encontrá-lo no dia seguinte e viajarmos juntos para Cabul. Ele já estava à nossa espera quando chegamos, e se mostrou visivelmente emocionado ao nos ver. Infelizmente, por desconhecer o idioma persa, Åsne Seierstad não pôde entender a maior parte das histórias divertidas e interessantes que eu e meu irmão compartilhamos durante as doze horas de viagem. Ela teria podido entender o quanto nos gostamos. E ao chegarmos a Cabul, Åsne Seierstad sequer lhe agradeceu a carona. O verdadeiro motivo de eu quase nunca ver o meu irmão, caros trolls, é porque ele passa meses seguidos trabalhando como motorista de táxi nas províncias. Mas todos nós cuidávamos de sua família quando ele estava fora."

Na praia, os trolls enrolaram o tapete. Eu me sentei num banco e fiquei olhando o mar. A maresia penetrava minhas narinas. Não se via ninguém.

— Posso suportar o fato de a minha gentileza e generosidade serem recompensadas com calúnias — eu disse aos trolls —, mas Åsne Seierstad desvia a atenção do mundo das desastrosas circunstâncias do Afeganistão para focá-la na figura de "Sultão Khan", que não é nem senhor da guerra, traficante de drogas, ladrão, e muito menos um canibal impiedoso. E isso eu não posso aceitar. E mesmo que todas as suas histórias fossem verdadeiras, ela ainda estaria iludindo as pessoas por não ajudá-las a entender que "Sultão Khan" também seria uma vítima desses trinta anos de guerra.

"Åsne Seierstad escreve de um modo que me faz lembrar certa ocasião em que entrei numa loja de tecidos indianos. Quando você entra numa loja dessas, o proprietário começa a lhe mostrar todos os tipos de tecido que tem em estoque. Com gestos rápidos, em menos de um minuto ele constrói à sua frente uma verdadeira pilha de peças exuberantemente coloridas. Toda essa azáfama faz você achar que tem de comprar alguma coisa mesmo que já nem lembre o motivo de ter entrado na loja."

Os trolls se sentaram ao meu lado no banco, e o caderno de anotações surgiu uma vez mais. De início ele me pareceu bem pequeno, pois quase desaparecia na mão enorme do troll, mas depois percebi que se tratava de um grande caderno pautado. Com os trolls tudo era grande, e o banco rangeu com o nosso peso.

— Ela não está nada preocupada com as conseqüências de revelar ao mundo inteiro que escondo meu dinheiro dentro dos livros. É evidente que sequer considerou as coisas terríveis que podem acontecer num país inseguro como o Afeganistão, se essa informação chegar às pessoas erradas. É como se não houvesse limites para o que ela considerou apropriado publicar.

— Caro Livreiro! Temos de admitir que a nossa Rainha, que é uma venerável e virtuosa troll, ficou muito aborrecida ao saber que o livro de Åsne Seierstad contém uma reveladora descrição da sua mãe tomando banho. Para ela, isso é um insulto claro e grosseiro à integridade de uma mulher muçulmana idosa.

— Ela tem toda razão, meus caros trolls. Minha mãe corre o risco de perder completamente a sua honra aos olhos dos outros e até o apreço dos próprios netos. As mulheres muçulmanas acreditam que a honra da família fica ameaçada quando elas tiram o véu, símbolo de seu amor e fidelidade aos maridos. Caros trolls, Åsne Seierstad parece não entender nada disso. É como se ela tivesse escrito qualquer coisa que lhe veio à cabeça, ligando tudo, infelizmente, à minha família. Além de descrever em detalhes o corpo da minha mãe, ela diz que rastros da sujeira que sai do corpo das mulheres ficam pelo chão depois do banho. Isto é um insulto a qualquer ser humano, seja qual for a cultura a que pertença.

A mulher troll escrevia com um lápis que parecia um galho. Às vezes a ponta percorria quatro ou cinco páginas de uma só vez, mas ela continuava escrevendo como se nem percebesse.

— E ela revela aos leitores não apenas a nudez da minha mãe como a da minha irmã também, entrando em detalhes sobre seu corpo e seus hábitos de higiene pessoal. Para completar ainda diz que minha irmã sofre de carência de vitamina D e insinua que é porque o tirano "Sultão Khan" a proíbe de tirar a roupa e tomar banho de sol. Meus caros trolls, vocês podem ler com seus próprios olhos o que ela escreveu!

— Nós lemos o livro — disseram os trolls. — Agora queremos ouvir a sua versão, que é o que nos ordena o Rei de Trolls.

— Quer dizer que o Rei de Trolls formará a sua própria opinião baseando-se nas duas versões e usará seus poderes mágicos para garantir que a justiça seja feita? — perguntei, na esperança de obter alguma informação sobre o que o Rei poderia fazer por mim.

Vi os trolls cerrando as sobrancelhas sob o pêlo desgrenhado.

— Só o tempo dirá, caro Livreiro. Tudo depende do Rei de Trolls. Não perca seu tempo pensando nisso agora, conte-nos mais.

— Meus caros trolls, uma guerra envolvendo as maiores potências militares do mundo ainda está em curso no Afeganistão: a OTAN e os Estados Unidos de um lado, o Talibã e as forças guerrilheiras da al-Qaeda do outro. No Afeganistão, as mulheres não podem se desnudar e tomar banho de sol como fazem as européias. A vida da mulher afegã é uma batalha diária para pôr comida na mesa. Apenas seis por cento da população afegã usufruem as bênçãos da eletricidade. As pessoas não sabem ler nem escrever, e tampouco têm trabalho. Centenas de milhares de mulheres perderam seus maridos na guerra. Nas províncias fronteiriças, as escolas ainda estão em chamas. Como podem essas pessoas desfrutar da magnífica natureza de seu país, suas quatro estações, seus dias ensolarados, suas noites estreladas? Eu me pergunto se Åsne Seierstad é cega quando acusou "Sultão Khan" de não deixar as mulheres de sua família tomarem sol. Será que ela não viu os soldados e os senhores da guerra? Seus olhos europeus não conseguiram ver o que está acontecendo à esquerda e à direita? — perguntei aos trolls.

A névoa havia se dissipado e percebi que os trolls se sentiam incomodados na praia, talvez porque faltassem árvores e outros lugares à sombra para se proteger. Eles se levantaram e disseram que tinham de ir embora cedo, mas retornariam assim que contassem ao Rei o que haviam escutado até aquele instante.

— Caro Livreiro, antes de partirmos há uma coisa sobre a qual precisamos lhe falar. A Rainha de Trolls ficou muito aborrecida ao ler no livro de Åsne Seierstad que as mulheres afegãs são vendidas. Ela quer ouvir de você alguma coisa a respeito.

— Meus caros trolls, minha irmã tinha vinte anos de idade quando se casou, e eu, dezoito. Åsne Seierstad diz em seu livro que meus pais venderam minha irmã por 300 libras para pagar "Sultão Khan" pela educação que ele lhe deu. Mas como, se a educação sempre foi gratuita no Afeganistão? Essa história ofende a minha honra e a da minha família, e prova que Åsne Seierstad não tem a menor gratidão pela hospitalidade e generosidade com que foi recebida em minha casa.

"Em outra passagem ela diz que eu viajei ao Irã e depois a Moscou quando ainda era jovem. Se eu tinha dinheiro suficiente para viajar a Moscou, por que precisaria vender a minha irmã? Trezentas libras é uma quantia pequena. O orçamento da minha viagem de negócios a Moscou, que ocorreu antes do casamento de minha irmã, foi de seis mil dólares. Descrever as mulheres afegãs como mercadorias à venda é um grave insulto à nossa cultura. Se é para falar de comércio, temos de falar do que se passa entre as superpotências e essas mulheres, que lhes têm pago com a sua própria carne e sangue. As centenas de milhares de mortos, inválidos e refugiados são irmãos, maridos e filhos das mulheres afegãs.

— Depois de ler o livro de Åsne Seierstad, nossa Rainha chamou atenção para o fato de que até os trolls trocam presentes quando se casam e que também eles teriam de gastar grandes somas nos nossos casamentos se o dinheiro humano circulasse entre nós — disseram os trolls.

— Exatamente. Nem nas sociedades ocidentais os casamentos são celebrados sem custos. As pessoas organizam festas, compram roupas e trocam presentes com base na renda e no gosto pessoal. Åsne Seierstad não viu isso, apesar de tudo que eu lhe falei sobre os nossos costumes matrimoniais. Ela insistiu na idéia de que as mulheres afegãs são negociadas. Em compensação não disse que eu gastei muito dinheiro com o casamento de outra de minhas irmãs, e no qual ela própria esteve presente.

"Åsne Seierstad ridicularizou a união entre duas pessoas e colocou etiquetas de preço nas mulheres como se fossem gado. E avaliou por baixo, porque o preço que ela atribuiu a uma mulher afegã às vezes era menor do que o de um bezerro em seu próprio país. No Afeganistão, as mulheres não são mais oprimidas do que os homens. As mulheres e os homens não podem viver uns sem os outros. Se as mulheres afegãs são dependentes de seus homens, esses homens são duas vezes mais dependentes de suas mulheres. O lugar da mulher na sociedade afegã é tão elevado que somente por intermédio de sua mãe uma pessoa pode obter a salvação no dia do Juízo Final. Um provérbio nosso diz: 'O Paraíso fica debaixo dos pés das mães', o que significa que você não entrará nele se não tratar sua mãe com respeito. Além disso, na condição de esposa a mulher torna o lar seguro e confortável. Na condição de filha, a mulher é a amiga mais dedicada e compreensiva do pai. Na condição de irmã, a mulher é a pessoa que mais se sacrifica por seu irmão.

"Åsne Seierstad faz questão de ridicularizar mais uma vez as práticas matrimoniais afegãs. Vou lhes contar como as coisas realmente acontecem: Quando os pais de dois jovens afegãos decidem que chegou a hora de eles se unirem em matrimônio, familiares do rapaz vão à casa da moça com uma proposta de casamento. Cada uma das famílias faz uma investigação completa sobre a outra, e se não se encontra razão alguma pela qual os jovens não devam se unir, a família do rapaz geralmente recebe uma resposta afirmativa por parte da família da moça. Isso é anunciado a todo mundo com uma grande festa em que se trocam doces e presentes. Na cerimônia dos doces, o chefe supremo da comunicação e o mulá da mesquita da comunidade estão presentes. Perguntam, então, diretamente à moça se ela quer o jovem como marido. Se a resposta for sim, eles anunciam em voz alta que o noivado está confirmado, tendo como testemunhas dois homens da família da moça. Em seguida, pedem a Deus todo-poderoso que conceda alegria e felicidade ao casal. Depois do noivado, o casal tem permissão das famílias para se relacionar socialmente durante os meses ou anos que precederão o casamento. Assim, os futuros marido e mulher poderão se conhecer e desfrutar a companhia um do outro antes do matrimônio, que, diga-se de passagem, é uma cerimônia religiosa muito agradável.

"Duas testemunhas que vêm ver a moça antes do casamento anunciam em alto e bom som durante a cerimônia, jurando pelo sagrado Corão, que a moça deu o seu consentimento. Se a jovem não consente em se casar com o rapaz, o noivado é cancelado. A mãe, o pai e os parentes da moça não têm o poder de obrigá-la a se casar contra a vontade. Meus caros trolls, Åsne Seierstad esteve presente às cerimônias de noivado e casamento da minha irmã e eu lhe contei tudo sobre as nossas tradições matrimoniais."

— Como dissemos, caro Livreiro, precisamos ir embora — anunciaram os trolls, olhando nervosamente à sua volta. Do outro lado da praia, insinuavam-se silhuetas de pessoas que pareciam estar se aproximando. Os trolls se levantaram e foram para trás do pequeno abrigo.

Eu os segui e disse:

— Meus caros trolls, há uma outra coisa que o Rei de Trolls deve saber sobre esse assunto: Åsne Seierstad escreveu em seu livro que a ânsia de amar da mulher é um tabu na cultura afegã, proibido pelo código de honra das tribos e pelos mulás. Ela escreveu que o casamento pouco tem a ver com amor e que este pode até ser interpretado como um crime grave, passível de punição com a morte. E mesmo sabendo disso, ela relatou vários episódios amorosos de mulheres e moças que nunca lhe fizeram mal algum. Será que Åsne Seierstad não pensou, nem por um segundo, nas desastrosas conseqüências que essas informações poderiam trazer para essas mulheres? Se seus maridos descobrirem que elas tiveram romances com outros homens, as conseqüências serão devastadoras.

Os trolls prometeram levar esse caso ao seu Rei. Prometeram também voltar na noite seguinte para ouvir o resto. Uma repentina rajada de vento obrigou-me a virar o rosto. Ao me voltar, os trolls já haviam partido. Permaneci na praia por algum tempo, tentando entender aquilo tudo, assoberbado por tão estranhas circunstâncias. As pessoas que eu tinha visto do outro lado da praia estavam mais perto agora. Subitamente lembrei-me de que não poderia deixar-me ver por ninguém, exatamente como os trolls, mas logo percebi que não tinha motivo para me esconder. Por um momento, senti como se o mundo inteiro soubesse quem eu era.

Åsne Seierstad declarou, com bastante sensatez, ter alterado o nome do Livreiro para que ninguém o reconhecesse! "Que infantilidade a dela", pensei, enquanto caminhava de volta ao hotel. Certa vez ela me disse ao telefone que se alguém me perguntasse algo a esse respeito, eu deveria apenas dizer: "Eu não sou 'Sultão Khan'."

Queira ela ou não, seu livro convida as pessoas a participar de uma espécie de jogo. Ela fornece ao leitor algumas pistas sobre a personagem principal; quem acertar, ganha um prêmio:

— Ele é afegão e, na juventude, teve uma namorada em Moscou. Alguém sabe quem é?

— Ele nasceu na rua Deh Khudaydad, em Cabul. Seria alguém que você conhece?

— Ele tem uma livraria num hotel de Cabul. Isso lhe diz alguma coisa?

— Sua livraria ficou famosa em todo o Afeganistão quando o Talibã a incendiou. Isso ajuda?

— Ele foi preso várias vezes pelos comunistas. Ainda não adivinhou?

— Ele mora na quadra 37 do bairro Mikrorayon. Será que agora você sabe quem é?

Eu, a autora de um bestseller internacional, estou lhe dando um monte de pistas sobre a pessoa em questão. Acho estranho que você ainda não tenha adivinhado!

— Ele tem um irmão chamado Farid, e outro que agora está desaparecido, chamado Nesar Ahmad. Você ainda não o identificou? Então veja as fotos de sua mãe, suas duas esposas e suas duas filhas na contracapa da edição inglesa, e a foto de seu filho na capa da edição norueguesa! Isso deve lhe dar uma pista. Mas como, ainda não é suficiente?

— Seu endereço, quando morava em Peshawar, no Paquistão, era rua 103 no bairro de Hayatabad.

Por acaso você é idiota? Será que preciso gritar? A barriga da mãe dele é assim; as espinhas do rosto da irmã são assado. Eu conheço centenas de outras histórias insultuosas e ofensivas sobre ele. Se você ainda não o reconheceu, é porque não tem neurônios.

Caminhava pelas ruas de Karachi repassando em minha cabeça tudo que gostaria de dizer aos trolls.

Sim, ela é um gênio, essa autora de um bestseller internacional, incapaz de esconder a identidade de suas personagens inocentes. Todas as pessoas citadas no livro podem se reconhecer. Ninguém tem dificuldade em descobrir quem é "Saliqa" e o que fizeram sua mãe e sua irmã, que tem marido e filhos.

Depois da minha caminhada costumeira, almocei num restaurante. Ao anoitecer, voltei a pé para o hotel. Quando entrei em meu quarto, percebi que os trolls estavam à minha espera na estreita moldura do lado de fora da janela. A julgar pelos grandes narizes espremidos contra o vidro e pelo aspecto das marcas deixadas nele, estavam esperando havia algum tempo.

— *Salâm*, caro Livreiro — eles me saudaram com alegria quando os fiz entrar.

— *Salâm*, meus caros trolls — respondi.

Os trolls me trouxeram boas notícias. O Rei de Trolls informara-lhes que talvez eu conseguisse uma audiência. Ele queria falar comigo pessoalmente.

Animado com a notícia, pensei que alguma coisa finalmente ia acontecer. Mas os trolls me explicaram que eu deveria esclarecer primeiro outras questões.

— Caro Livreiro, nosso justíssimo Rei nos disse que uma das coisas que mais o preocupam no livro de Åsne Seierstad é a história do carpinteiro desonesto. No livro de Åsne Seierstad essa história é contada de um jeito que faz você parecer um tirano desalmado — explicaram os trolls.

— Eu lhes direi, meus caros, como as coisas realmente aconteceram. Durante os quarenta e cinco dias em que o carpinteiro trabalhou para mim, ele me roubou uma imensa quantidade de cartões-postais. Quando descobri o desfalque, disse ao meu motorista que era muito importante que a família do carpinteiro nunca soubesse nada a esse respeito, pois do contrário deixariam de respeitá-lo. Mandei chamá-lo e ele imediatamente me devolveu os dois mil e quinhentos postais. Åsne Seierstad foi testemunha disso. Mais tarde, ao examinar meus estoques, eu me dei conta, acima de qualquer dúvida, de que ele me havia roubado vinte mil postais! Então disse ao carpinteiro, de um modo amistoso — Åsne Seierstad estava presente e tudo foi traduzido para ela —, que se ele me dissesse para quem tinha vendido os postais, eu esqueceria o caso.

"Deixamos que ele fosse para casa. Nessa mesma noite, depois do jantar, contei a história para a minha família e pedi que me aconselhassem. Åsne Seierstad estava presente. Disse ao meu motorista, aos meus filhos e aos meus irmãos que mantivessem o fato em absoluto segredo para não prejudicar a reputação do carpinteiro. Eu queria dar a ele algum tempo para limpar o seu nome, evitando assim ser preso. Meus caros trolls, o carpinteiro teve um mês para devolver os cartões-postais, e eu disse aos meus filhos que, se ele fosse preso, ajudaríamos financeiramente a sua família com o equivalente de seus ganhos normais.

"Por fim decidi levá-lo à delegacia de polícia local, com a qual, aliás, não estávamos em bons termos. Eu esperava que ele confessasse e que a polícia o deixasse livre. Mas uma semana na delegacia não foi suficiente para que o carpinteiro confessasse seu crime. A única coisa a fazer era transferi-lo para a polícia do Estado a fim de que fosse punido de acordo com a lei. Na prisão, o carpinteiro confessou que havia roubado vinte e quatro mil cartões-postais, os quais tinha vendido de livreiro para livreiro por uma pequena soma — doze dólares por duzentos cartões — equivalente, porém, a três vezes a sua diária. Recompramos os cartões do livreiro e o carpinteiro foi libertado três meses depois. Åsne Seierstad escreveu que o carpinteiro foi condenado a três anos de prisão!

"O carpinteiro dizia: 'Eu sou um homem pobre. Tenha piedade de mim', e eu lhe respondia: 'Você devia ter piedade de sua mulher e de seus filhos, e cuidar de não ir parar na prisão. Confesse quantos cartões-postais você roubou.' Todos somos pobres no

Afeganistão. Isso significa que devemos roubar? A maioria ganha menos do que um carpinteiro. Roubo é crime em qualquer país, e quem comete um crime merece ser punido nos termos da lei. Esse crime poderia ter tido graves conseqüências para mim. Meus fregueses ficariam muito aborrecidos se descobrissem que era possível comprar os mesmos postais muito mais baratos noutro lugar. Os efeitos sobre meus negócios seriam tremendamente negativos.

"Meus cartões-postais são grandes — 18 x 12,5cm para ser exato — e de alta qualidade. Åsne Seierstad afirmou que eu conseguia imprimir sessenta cartões por um dólar, o que obviamente é impossível. De qualquer modo, esse assunto é segredo comercial. Apesar de dizer que seu livro é ao mesmo tempo ficção e história real, dependendo das circunstâncias, Åsne Seierstad deixa claro no prefácio que se trata de um produto jornalístico. Devo admitir que considero um tanto estranho ela não seguir as mesmas diretrizes éticas e práticas dos demais jornalistas noruegueses."

Os trolls me olharam com seus grandes olhos arredondados. A mulher troll procurou uma página em seu caderno de anotações. Virava as folhas com tanta força e velocidade que uma brisa agradável soprou pelo quarto.

— A certa altura do livro, Åsne Seierstad diz que eu trouxe para casa um saco cheio de romãs, tangerinas e maçãs, e as tranquei num armário para não dividir com ninguém, exceto minha segunda esposa — outra prova do lado egoísta de "Sultão". Meus caros trolls, em nosso clima não se pode guardar essa quantidade de frutas fora da geladeira, além do que, no apartamento — como ela mesma descreve —, o único móvel que existe é o armário de livros. Ela parece não se dar conta de como são ofensivos esses comentários.

Cautelosamente, os trolls disseram:

— O Rei de Trolls quer saber também o que você pensa da descrição que Åsne Seierstad fez das fantasias do seu filho mais velho.

— Meus caros trolls! Como pai, fiquei revoltado ao ler essa passagem do livro de Åsne Seierstad. Dá a impressão de que ela escreveu tudo aquilo sem pensar nas conseqüências que poderia ter para o meu filho. Como livreiro experiente, fiquei surpreso ao ver como ela trata pessoas reais, vivas, como personagens de ficção, atribuindo-lhes fantasias e pensamentos obscenos. Quando isso for lido no Afeganistão, meu filho não terá mais lugar na sociedade, será estigmatizado como um homem indigno que vive pensando em molestar meninas de rua. Nenhuma mulher afegã aceitará se casar com ele. Quando expliquei isso para Åsne Seierstad após a publicação do livro, ela me respondeu por e-mail que eu era livre para dizer aos meus amigos e conhecidos que tudo se tratava de ficção, uma invenção baseada em meros boatos. Ela deixou a meu critério decidir o que escrever às pessoas. Graças a Deus ela me concedeu pelo menos isso. Não entendo como ela pôde retratar meu filho como um jovem talentoso e bem-educado, e ao mesmo tempo dizer que ele fantasiava ter relações indecentes com mendigas. Essas mendigas são crianças inocentes que se tornaram órfãs devido a uma guerra sem fim.

— Caro Livreiro, acreditamos já ter ouvido o bastante. Nós lhe agradecemos em nome do Rei e da Rainha de Trolls. Só o que nos resta agora é saber se o Rei desejará recebê-lo em seu reino do Norte. Se lhe serve de consolo, podemos garantir que ele trata de casos como este com muito mais agilidade do que o Departamento de Imigração. Encontre-nos atrás do hotel à meia-noite de amanhã, e veremos.

Com essas palavras, os trolls subiram na janela e desapareceram na escuridão.

4

Como combinado, na noite seguinte, à meia-noite, eu esperava os trolls atrás do hotel. Não havia comido nem dormido. A perspectiva de encontrar o Rei de Trolls em pessoa me parecia ao mesmo tempo assustadora e fascinante. Eu esperava que ele, com seus poderes mágicos, pudesse quebrar a maldição que *O livreiro de Cabul* havia lançado sobre mim.

Os trolls apareceram à meia-noite em ponto, saudando-me da maneira polida de costume. Nossas peripécias noturnas me faziam sentir que já éramos amigos, razão pela qual, ao perceber neles um certo mau humor, perguntei-lhes o que havia de errado.

— Caro Livreiro! — eles responderam. — Estivemos hoje no Canadá e vimos sua primeira esposa, sua filha e seu filho de doze anos. Encantou-nos ver seus filhos estudando com afinco. Mas sua esposa parecia infeliz.

— Espero que vocês não a tenham assustado!

— Não, nós fomos muito discretos. Mas havia lágrimas naqueles belos olhos.

— Sim, meus caros trolls, os olhos dela ainda não secaram. Seu coração dói e as lágrimas lhe rolam pela face quando lembra do rosto e da figura orgulhosa de nosso filho mais velho, que não vê há dois anos. E sofre também por estar longe de minha mãe, meus irmãos e minhas irmãs, a quem tanto ama. Há vinte anos ela é uma esposa amorosa, dedicada e fiel, e sua tristeza aumenta ainda mais quando estamos distantes um do outro. Ela está tão acostumada a viver no seio de uma família de vinte pessoas que sofre terrivelmente com a separação — expliquei.

— Desejamos que vocês se reúnam logo — disseram os trolls, com sorrisos cordiais. — Mas agora, caro Livreiro, o Rei o aguarda, e ele não é um troll muito paciente.

Eu esperava ver o tapete voador, mas os trolls me explicaram que não havia tempo para um meio de transporte tão lento. A mulher troll me passou um frasco contendo um elixir e me disse para bebê-lo.

Pediram-me que quando pronunciassem as palavras mágicas, eu formulasse o desejo de me transportar ao Reino de Trolls. Mesmo com o pensamento no Canadá e em Cabul, dei o melhor de mim e consegui, finalmente, me concentrar no Reino de Trolls.

Num instante me vi frente a frente com o Rei e a Rainha de Trolls e sua corte, num grande campo aberto cercado de bosques. Um séquito de sábios trolls sentava-se de ambos os lados do Rei e da Rainha. Esta trajava um vestido de seda vermelho. Trazia na mão um leque chinês ricamente ornamentado, que movimentava sem parar. Eu e os dois trolls permanecemos de pé, para que todos pudessem nos ver. A mera presença do Rei de Trolls fazia as árvores à nossa volta se curvarem, reverentes. Finalmente ele falou, e sua voz fez tremer a terra sob nossos pés.

— Nosso convidado vem de um país distante cujo povo tem sido vítima de inúmeras guerras impostas por estrangeiros. Sua natureza foi destruída palas armas mais letais e venenosas que podemos conceber. Nosso desejo é que cessem definitivamente os bombardeios em seu país, que foi pilhado por ladrões e contrabandistas, e que as árvores milenares da floresta em Kunar sejam deixadas em paz. Os dois trolls que enviamos para encontrar o

Livreiro trouxeram-nos sua história tal como foi contada por ele mesmo. Decidimos, então, convidá-lo para que a relatasse a nós com as suas próprias palavras. O que já ouvimos não corresponde ao que lemos no livro. As informações que recebemos de você e as que encontramos em *O livreiro de Cabul* são tão diferentes e conflitantes que não podemos, assim como o povo da Noruega, aceitá-las. Ou o relato dos nossos dois trolls é inverídico, ou a autora do livro, Åsne Seierstad, inventou sua história e abusou da confiança do povo norueguês, ou ainda o próprio Livreiro nos iludiu. Pedimos novamente aos dois trolls e a você que recordem o juramento de dizer somente a verdade, e se seus relatos são falsos que dêem um passo à frente para que possamos esclarecer tudo.

Os trolls dirigiram a palavra ao rei com a cabeça baixa e disseram:

— Vida longa ao nosso justíssimo Rei e à sua bela Rainha. Juramos uma vez mais que relatamos tudo que o Livreiro nos disse sem nada omitir e sem nada acrescentar. Seguindo as instruções de nossa missão, fomos a Karachi para registrar por escrito a versão do Livreiro. Juramos ter-lhes apresentado um informe completo e verdadeiro a respeito de tudo que vimos e ouvimos até agora.

"Juramos pela majestosa beleza das montanhas nevadas da cordilheira Hindu Kush...

"Juramos pela triste situação da floresta em Kunar e pela devastação de suas árvores milenares...

"Juramos pela destruição das estátuas de dois mil anos em Bamiyan, motivo de profundo pesar para todos os trolls...

"Juramos pelas centenas de milhares de viúvas afegãs que, noite após noite, aguardam desesperadas a chegada da aurora...

"Juramos pelas crianças afegãs, órfãs descalças cujos coraçõezinhos anseiam por uma escola...

"Juramos pela morte de um milhão e meio de afegãos inocentes...

"Juramos pela queda das Torres Gêmeas nos Estados Unidos, por cujas chamas milhares de pessoas inocentes foram devoradas...

"Finalmente, piedoso Rei, juramos pela beleza da natureza intocada da Noruega e garantimos a todos que tudo o que vimos e ouvimos lhes foi relatado sem nada ser omitido nem acrescentado."

— Muito bem. Mas, porventura, vocês são como certos seres humanos que não se sentem presos ao próprio juramento? — perguntou o Rei de Trolls.

— Não, Majestade. Nós nunca mentimos — responderam os trolls.

O rei assentiu com a cabeça. Em seguida, olhou para mim.

— Livreiro, você afirmou que o livro de Åsne Seierstad causou muitos problemas a você e a sua família. Seja específico!

— Majestade — eu disse, e então me aproximei cuidadosamente do trono —, o irmão de minha segunda esposa foi a primeira vítima do livro de Åsne Seierstad. O pai de um colega dele de escola leu *O livreiro de Cabul* e contou partes do livro para o filho. Este logo identificou que um de seus colegas — ou seja, meu cunhado — era parente do protagonista da história. Foi então que começaram os problemas. Em pouco tempo chegou aos ouvidos de todos os colegas de escola de meu cunhado que seu pai tinha vendido a filha para comprar duas mulheres mais em conta para ele e seu irmão, e que o Livreiro havia subornado seu pai para poder passar a noite com ela antes de se casarem. Ferido, meu cunhado acabou se envolvendo em várias brigas e desentendimentos com seus colegas.

— Sim, nós percebemos que o irmão mais novo de sua esposa não vai mais à escola — disse o Rei.

— Meu cunhado acha que eu errei em deixar Åsne Seierstad ficar conosco e me culpa por sua desgraça. Estou muito consternado porque a vida de um jovem afegão foi destruída e me preocupa pensar no que o destino reserva para as demais pessoas mencionadas no livro. Rezo toda noite para que ninguém mais leia o livro, para que esses seres humanos inocentes sejam deixados em paz enquanto viverem — eu disse.

— Continue! — exigiu o Rei.

— Minha primeira esposa está desconsolada. Desde o dia em que ouviu falar das situações que Åsne Seierstad inventou, ela se sente muito infeliz. Em 2004 eu a levei a Paris — chamada no Afeganistão de a Noiva de Todas as Cidades — com a esperança de que sua beleza lhe mitigasse a dor. Mas ela não se sentiu bem lá, e depois de visitar outras duas cidades européias fomos para o Canadá. Mas também lá ela continuou infeliz. Não parava de se perguntar como uma mulher podia ser irresponsável a ponto de publicar tais histórias num livro. Percebendo a difícil situação por que estava passando, decidi que seria conveniente que permanecesse no Canadá até se sentir melhor. Sua mãe, quatro irmãos e seis irmãs moram lá com suas famílias. O magnânimo governo do Canadá não tardou em lhe conceder visto de permanência. Mas a saudade insuportável de casa — a casa onde viveu vinte anos, a casa que nunca está vazia — não lhe sai da lembrança. Cada móvel, cada objeto da casa representa algo para ela — expliquei ao Rei de Trolls, sentindo as lágrimas rolarem pelo meu rosto.

— Algo mais? — o Rei perguntou abruptamente.

— Sim, receio que sim. O que era uma família feliz se converteu numa família profundamente infeliz. Fomos condenados por um crime que não cometemos. Mas o pior de tudo é que esse livro colocará vidas em perigo. O livro chegará à Índia e ao Irã, e logo estará disponível aos leitores afegãos. A cada dia que passa o perigo está mais próximo. No Afeganistão, ele será recebido de modo totalmente diferente. Algumas passagens falam coisas que são imperdoáveis em nossa cultura. Eu levaria meses para fazer uma lista completa dos insultos e afirmações depreciativas com que eu e minha família fomos tratados no livro de Åsne Seierstad. Mas não tenho forças para me lembrar de tudo e não quero recordar todos os insultos. Essas pessoas ambiciosas fazem qualquer coisa para ganhar dinheiro, publicam o livro em todos os idiomas do planeta, mesmo sabendo que ele colocará em risco a vida de outras pessoas. Os milhões que já ganharam não lhes basta?

Na audiência, alguns presentes gritaram: "Sim!" O Rei de Trolls bateu o pé com tanta força que o chão tremeu. Fez-se absoluto silêncio. Meus dois amigos trolls haviam recuado e agora eu estava só diante do Rei e da Rainha.

A Rainha de Trolls falou: — Como feminista convicta e defensora do poder da mulher nas sociedades humanas, devo admitir que fiquei preocupada com a sua esposa depois de ler o livro de Åsne Seierstad.

— Não faço a menor idéia de por que ela descreveu o nosso relacionamento daquele jeito. Minha primeira esposa é uma pessoa amável e instruída, que prestou a essa jornalista favores inestimáveis. Em pleno inverno, ela lavava na mão a roupa íntima de Åsne Seierstad porque não havia eletricidade para ligar a máquina de lavar. Cuidava dela como se fosse sua filha e preparava os pratos que sabia serem os seus preferidos no Paquistão e no Afeganistão. Minha esposa provém de uma honrada família Pashtum, é casada com um dos mais famosos livreiros e editores do Afeganistão. Sem nada esperar em troca, ela fez por Åsne Seierstad coisas que não têm preço. Há vinte anos minha esposa vive uma vida feliz junto com a minha família e se orgulha de ter "Sultão Khan" como marido. Quando estou em casa, somos um casal feliz que fica até tarde da noite contando histórias e notícias de Cabul e de Peshawar. Visitamos amigos juntos e respeitamos nossas respectivas famílias. Åsne Seierstad escreve como se não soubesse que nas épocas védica e avéstica as mulheres eram deusas. A esposa de Buda manteve-se corajosamente ao seu lado durante dois mil anos até ambos serem aniquilados pelas explosões do Talibã. Ao longo dos séculos, tivemos poetisas, imperatrizes e rainhas. Dentre as mulheres do Afeganistão há artistas que trabalham dias a fio convertendo sua dor, seu pesar e seus sentimentos em tapeçarias que decoram salões e palácios do mundo inteiro. Em todo o mundo, as mulheres precisam saber que brindam e dançam pisando em tapetes tecidos pelas afegãs.

— Livreiro! Se você tivesse os meus poderes mágicos para obter o que quisesse, o que faria? — perguntou o Rei de Trolls.

— Majestade, um provérbio afegão diz: "O açougueiro sempre tem sangue nas mãos." Uma mansão e montanhas de dinheiro não valem um momento de felicidade. Para ser sincero, às vezes sinto pena de Åsne Seierstad. Todo ser humano tem consciência, e eu desejaria, para o bem dela, que um dia ela se dirigisse às pessoas do mundo e dissesse:

"Leitores do mundo inteiro! Rogo sua atenção. Eu, Åsne Seierstad, fui injusta com uma família inocente. Peço perdão a essas pessoas inocentes. Se violei sua honra e sua reputação, a única culpada sou eu mesma.

"À bondosa esposa do Livreiro e sua adorável mãe, peço humildemente que me perdoem.

"Ao filho de doze anos do Livreiro de Cabul, peço desculpas por minha falta de consideração por seus sentimentos infantis e por ter ofendido sua mãe, seu pai e toda a sua família. Leitores de todo o mundo! Quero que saibam dos lindos presentes com que essa inocente criança me brindou. Em meu aniversário, ele me deu um par de lápis-lazúlis afegãos. Quase toda noite ele me trazia um presente escondido, cigarrilhas, um enlatado chinês ou europeu que me entregava com seu sorriso inocente. E eu o privei de toda alegria com minhas histórias inventadas.

"Peço desculpas também ao filho mais velho do Livreiro, em cuja companhia me diverti tantas vezes. Esse jovem talentoso me servia de intérprete sem pedir nada em troca e me ajudava com meu computador. Eu o ofendi escrevendo que toda manhã ele guinchava como um porco sendo estripado. Isso não é bonito de se dizer de jovem algum, mas é particularmente ofensivo para um muçulmano, como deveria saber qualquer pessoa com um mínimo de conhecimento da sua religião.

"Ao filho mais velho do Livreiro de Cabul, que era meu melhor intérprete e iluminava cada dia meu com um sorriso afetuoso, peço que me perdoe.

"Peço desculpas à pequena e inocente 'Saliqa' e à sua família. Sem um mínimo de consideração, tornei pública a sua privacidade. Tenho dela boas lembranças, trazidas de minha curta estada na casa do Livreiro no Paquistão.

"Peço desculpas a 'Leila', que me chamava de 'minha criança' e me servia como se eu estivesse hospedada num hotel. Quantos dias preciosos ela gastou comigo?

"Peço desculpas a Farid, que me levou de graça de Torkham a Cabul, quando lhe seria muito mais conveniente passar seu precioso tempo com sua esposa e filhos.

"Peço desculpas a todos os amigos e parentes do Livreiro, que me receberam como sua convidada de honra para deliciosos jantares afegãos.

"Peço desculpas a todas as mulheres, crianças e homens afegãos por ter ocultado a verdade sobre sua dramática realidade e iludido o mundo inteiro com o meu livro.

"E, finalmente, peço desculpas a 'Sultão Khan', que generosamente dedicou cinco meses de seu precioso tempo a cuidar de mim; peço que me perdoe por tê-lo chamado pejorativamente assim."

O Rei sussurrou alguma coisa à Rainha e ambos ficaram um longo tempo me olhando. Seus olhos brilhavam ainda mais do que os dos outros trolls.

Quebrei o silêncio:

— Por que Suas Majestades me trouxeram aqui, e como poderão me ajudar?

— Quer dizer que você pensa que nós podemos ajudá-lo? — rugiu o Rei de Trolls.

Eu abri os braços.

— Você não disse certa vez, a respeito do livro de Åsne Seierstad, que não se pode deter a água que corre? — perguntou o Rei.

Concordei com um aceno de cabeça e respondi:

— Eu estou ciente de que os trolls investigam controvérsias em que há noruegueses envolvidos como uma forma de recompensá-los por seus esforços para preservar o meio ambiente. Mas aonde leva todo esse esforço? O que fazem os trolls depois de terem recolhido toda a informação necessária e ouvido as diferentes versões de uma mesma história? — perguntei.

O Rei hesitou um instante.

— Normalmente não fazemos nada.

— Nada?

— Não — disse o Rei. — Mas, às vezes, Livreiro, se o caso merece especial atenção, se foi cometida alguma grande injustiça, ou se o povo norueguês realmente foi enganado, então...

— Sim, Majestade?

— Pode acontecer de tomarmos alguma medida.

Eu desejava que a incerteza do Rei não se devesse ao fato de ele não saber se poderia fazer algo. Pensando em todas as coisas fantásticas que tinha visto e ouvido nos últimos dias, eu não via razão alguma para duvidar dos seus poderes.

— E pode-se fazer alguma coisa em meu caso?

— Livreiro, você quer resposta para tudo!

O Rei de Trolls bateu novamente o pé, e o chão tremeu.

— Peço desculpas se me mostro demasiado ansioso por respostas, Majestade — expliquei-me.

O Rei e a Rainha falaram um com o outro mais uma vez sem que eu pudesse ouvir uma única palavra do que diziam. Seu sussurro era profundo demais. Então o Rei sinalizou para dois servos, significando que a audiência havia chegado ao fim. Todos os presentes ficaram imediatamente de pé quando o Rei se levantou. Permaneci como estava. O Rei de Trolls se inclinou em minha direção. Ao aproximar seu rosto do meu, senti cheiro de casca de árvore e vegetação.

— Qual é a melhor forma de responder a um livro? — ele perguntou.

Pensei por um momento antes de sugerir:

— Outro livro?

— Exatamente, Livreiro — disse o Rei de Trolls, coçando o queixo. — O que você diria se seu problema de visto desaparecesse por si só? — ele continuou.

Parecia que ele estava refletindo sobre alguma coisa.

— Ou o que diria se o mundo quisesse ouvir a sua história e três editoras disputassem a chance de publicar um livro escrito por você?

— Depois de todo o sofrimento por que eu e minha família passamos, eu diria que isso é pura magia — respondi.

O Rei de Trolls riu tão alto que as árvores reverberaram e ele deu um tapa na própria barriga. Logo todos os trolls à minha volta garalhavam num alarido incomum. O som era ensurdecedor. Levei as mãos aos ouvidos e me senti tonto. A última coisa que vi foram as hipnóticas iluminuras do leque da Rainha balançando à minha frente.

E aí me vi de volta a Karachi, no mesmo banco da mesma praia onde havia estado com os dois trolls. Sentia o corpo rígido, como se tivesse acabado de chegar de uma longa viagem. Estava amanhecendo.

Os últimos dias haviam sido muito estranhos; era como se eu tivesse perdido a noção do tempo. Tinha o coração leve, confiante de que o Rei iria cuidar do meu caso. Mas estava curioso com o resultado. Fitei o oceano Índico. Os primeiros raios do sol nascente brilhavam no casco de um navio solitário sobre a linha do horizonte. Decidi retornar ao hotel e começar a escrever.

Impresso no Brasil pelo
Sistema Cameron da Divisão Gráfica da
DISTRIBUIDORA RECORD DE SERVIÇOS DE IMPRENSA S.A.
Rua Argentina 171 – Rio de Janeiro, RJ – 20921-380 – Tel.: 2585-2000